不確実性の時代を
生き抜くヒント

北村雅昭

持続可能な
キャリア

Sustainable
Careers

大学教育出版

まえがき

　本書の目的は「持続可能なキャリア」という、キャリアについての新たな見方を紹介し、先の見通しが難しい不確実性の時代の生き方、働き方を考えるヒントを提供することである。

　「持続可能なキャリア」とは、仕事を通じて幸福、健康、仕事成果の3つをバランスよく実現することが、良いキャリアにつながると考えるキャリア研究の新たなパラダイムである。人生100年時代の到来、職場における女性や高齢者比率の高まり、グローバル化の加速、デジタル革命など、この数十年において、キャリアの世界で起きた大きな変化を捉えた新たなキャリア論だといえる。近年、欧州を中心に広がりを見せ、新たな潮流となりつつある。

　持続可能の概念を持ち込むことで、個人が持つべきキャリア資源、家庭、趣味、偶発事象といった幅広い文脈、さらには、時間経過に伴うキャリアの意味づけの変化など、近年のキャリア研究があまり取り上げなかったテーマに光をあてた点、さらに、キャリアにおける個人と組織の共同責任という考え方を打ち出すことで、やや対立的な関係にあった組織内キャリア論とニューキャリア論をうまく統合した点に大きな意義がある。

　「持続可能なキャリア」というテーマに惹かれたのは、筆者自身のキャリアが持続可能とは呼びがたいものだったからである。持続可能が困難になりそうな転機を何度か経験しながらも、現在に至ることができたのは、大学教員への道を開いていただいた、今は亡き今井賢一先生（一橋大学名誉教授、スタンフォード大学名誉シニアフェロー）、キャリア研究の面白さを教えていただいた金井壽宏先生（神戸大学名誉教授、立命館大学食マネジメント学部教授）、博士号取得に向けてご指導いただいた跡田直澄先生（京都先端科学大学経済経営学部教授）、尾形真実哉先生（甲南大学経営学部教授）をはじめ、多くの先生方からの温かいご指導と励ましに恵まれたからである。心から感謝している。

　とりわけ、本書の執筆にあたっては、恩師の金井壽宏先生からいただいた言葉が大きな影響を与えている。本書の紹介にあたり、2つのエピソードを紹介したい。

　ひとつ目は、2008年のはじめのことである。当時、44歳であった筆者は、自分のキャリアに思い悩み、このままではダメだとの焦りの中にあった。金井先生の『働くひとのためのキャリアデザイン』（PHP研究所、2002年）に大きな感銘を受け、神戸大学の研究生の願書を取り寄せ、その時の思いを一気に書きあげ、勢いで投函した。その後、少し冷静になると、あのような独りよがりの願書は読んでもらえないだろうと暗い気持ちになった。しかし、全く思いがけず、数ヶ月後に神戸大学から封筒が届き、その中に、金井先生の直筆で、春からMBAのゼミを担当するのでそこに参加したらどうかと書かれたメモが入っていた。そのメモを手にした時の嬉しさは、いまでもはっきりと覚えている。

　そして、初めてお目にかかった春に、金井先生は筆者にディック・ライダー＆デイブ・サピーロ著の『人生に必要な荷物　いらない荷物』（サンマーク出版、1995年）という本を薦められ、人生の半ばでは、いらない荷物をいったん捨てることが必要になるという趣旨のことをおっしゃった。この言葉は当時の筆者を救っただけでなく、深い学識をもとにひとを助けるという姿が脳裏に焼きつけられ、筆者の心の原風景となった。

　ふたつ目は、2018年春に、彦根で開かれたパーティの帰りに電車でご一緒した時のことである。大学での教育や研究の進め方について、いろいろとお話を伺ったあと、キャリア研究をライフワークにしたいと考えていると申し上げた。すると、先生は少し硬い表情をされて、「最近は面白いキャリア研究がなくなってしまった」とおっしゃった。キャリア研究の第一人者からの意外な一言であったとともに、筆者自身が漠然と感じていた不安でもあったので、強く印象に残った。そして、この言葉を、実務家出身だからこそ見つけられる視点を探しなさいとの励ましと受け止めた。こうした言葉に支えられ、自分なりに納得できるキャリア論を探し求めていた時に出会ったのが「持続可能なキャリア」であった。

　浅学非才の身を承知の上で、あえて本書の出版を決意したのは、「持続可能なキャリア」についてある勉強会で話をした時に「もっと早くこういう考え方に出会いたかった」「この考え方がもっと多くのひとに広まってほしい」といったコメントを頂戴し、いつかあのようになりたいと胸に刻んだ心の原風景がよみがえったからである。なお、言うまでもなく、本書は到達点ではなく、出発点であり、今後、精進を重ねる所存である。

　本書は、5つの章から構成されており、第1章が持続可能なキャリアについての総論で、残りが各論の章となっている。

　第1章は、持続可能なキャリアというパラダイムが必要となった背景や理論的バックグラウンドが書かれている。実務家の方には、やや抽象的な内容ではあるが、今の働き方ではこの先長く続きそうにない、今までのキャリア論では自分の拠り所になるものがないとお感じの方には、是非じっくりお読みいただきたい。

　第2章は、いろいろな変化や挫折を乗り越え、自分らしいキャリアを歩むために欠かせないキャリア・アダプタビリティという心理的資源について書かれている。これからの時代を生き抜く備えが自分にはあるだろうかとの不安を感じておられる方には、この章に目を通していただきたい。

　第3章は、第2章で取り上げたキャリア・アダプタビリティに関する事例研究である。筆者の博士論文「CFOに至るキャリア発達に関する研究 ― 転職経験に焦点をあてて ― 」で用いたデータをもとに、実際のビジネスパーソンにおいてキャリア・アダプタビリティが具体的にどのような役割を果たすのかを分析した。キャリア・アダプタビリティについてもっと具体的に知りたい方、転職を重ねながらキャリアを歩むことを考えておられる方には参考にしていただけると思う。

　第4章は、キャリアショックという、現実のキャリアには大きな影響を持ちながら、キャリア研究であまり取り上げられなかった、大きな動揺を伴うショックとキャリアの関係ついて書かれている。長い目でみると、ネガティブなショックがもたらす深い内省が、ポジティブな成長のチャンスになることがあると指摘する点が、この研究の面白いところである。仮に、不運や不幸に遭

遇したとしても、その経験をバネに力強く成長したいと考えておられる方には、この章をお薦めする。

第5章は、未来志向のキャリア研究の代表として、暫定自己と仕事における未来自己という2つの未来の自己概念を取り上げた。いつか今の自分から脱皮して、新しい自分になりたいと願っておられる方、夢見るパワーを大切にしたいとお考えの方にお読みいただけたらと思う。

本書は大きく分けて3種類の読者を想定している。第1は、組織行動論やキャリア論の研究者の方である。第2は、企業の人事部門、キャリア・カウンセラー、キャリア教育の関係者などキャリアを支援する立場の方である。第3は、自分の手で自分らしいキャリアを歩みたいと考えておられる実務家の方である。第1の方には全章読んでいただきたいが、第2と第3の方は第1章の後には直接興味のある章に進まれるのがよいと思う。

本書が実現するまでに、実に多くの方々のお世話になってきた。すばらしい研究環境を与えていただいた上に、出版助成でもご支援いただいた福井要理事長、鳥越皓之学長をはじめ大手前大学の皆様、本書の出版を快く引き受けてくださった大学教育出版とご担当いただいた宮永将之氏、キャリア研究を進める上で、様々な知的刺激をいただいた鈴木竜太先生、服部泰宏先生をはじめ、神戸大学経営学研究科の皆様、また、長時間のインタビューに心を開いて応じてくださった調査協力者の皆様、ここで全ての方のお名前を挙げることはできないが、お世話になった全ての方々に改めて、深く感謝を申し上げる。

最後に、その人生最後の日においても、筆者の将来を気にかけ、教育者、研究者として生きていくことを励ましてくれた父、母、そして、精神的に苦しい時もずっとずっと支えつづけてくれた、妻・恭子、長男・篤志、長女・聡子に感謝する。

2022年1月
　　　かつての学び舎ミシガン大学アナーバーキャンパスの冬景色に思いを馳せながら
　　　　　　　　　　　　　　　　　　　　　　　　　　北村　雅昭

持続可能なキャリア
── 不確実性の時代を生き抜くヒント ──

目　次

まえがき……………………………………………………………………… *i*

第1章　持続可能なキャリアというパラダイム

1. はじめに　*2*

2. パラダイムとは　*3*

3. 持続可能なキャリアとは　*5*

4. 持続可能なキャリアが提唱された背景　*8*

　(1) キャリアにおける時間の変化　*8*

　(2) キャリアにおける文脈の変化　*9*

　(3) キャリアにおけるエージェンシーの変化　*10*

　(4) キャリアにおける意味の変化　*10*

5. 持続可能なキャリアの理論モデル　*13*

　(1) 持続可能なキャリアを構成する3つの次元　*13*

　(2) 持続可能なキャリアの成果指標　*17*

　(3) 個人とキャリアのフィット　*18*

6. 持続可能なキャリアのバックグラウンドとなる理論　*19*

　(1) 資源保存理論　*19*

　(2) 自己決定理論　*21*

　(3) 補償を伴う選択最適化理論と社会情動的選択理論　*21*

7. 持続可能なキャリアの実現に向けた組織の役割　*23*

　(1) 持続可能な人的資源管理　*24*

　(2) 持続可能なキャリアマネジメント　*27*

8. 今後の研究の方向性　*30*

　(1) キャリア・アダプタビリティ　*30*

　(2) キャリアショック　*32*

　(3) キャリアにおける未来自己の自己概念　*34*

　(4) 個人と組織のパートナーシップ　*35*

(5) ワーカビリティ　*36*

9. まとめ　*38*

第2章　持続可能なキャリアを支える心理的資源
── キャリア・アダプタビリティ ──

1. はじめに　*50*
2. キャリアにおける不確実性とキャリア構築理論　*51*
   (1) キャリアにおける不確実性について　*51*
   (2) キャリア構築理論について　*53*
3. キャリア・アダプタビリティという概念について　*54*
   (1) Adaptivity（適応レディネス）　*56*
   (2) Adaptability（適応資源）　*56*
   (3) Adapting（適応行動）　*57*
   (4) Adaptation（適応結果）　*57*
4. キャリア・アダプタビリティを構成する4次元について　*58*
5. キャリア・アダプタビリティの測定尺度　*61*
6. キャリア・アダプタビリティの研究動向　*64*
   (1) 先行要因に関する研究　*64*
   (2) 成果要因に関する研究　*65*
   (3) 媒介効果、調整効果に関する研究　*66*
7. 今後の研究の方向性　*67*
   (1) キャリア・アダプタビリティの発達プロセス　*67*
   (2) キャリア・アダプタビリティに影響を与える文脈要因　*68*
   (3) キャリア・アダプタビリティが適応をもたらすメカニズム　*69*
8. まとめ　*69*

第3章 キャリア・アダプタビリティの事例研究
—— 転職を重ねて経営幹部職に就いた人材に焦点をあてて ——

1. はじめに　*78*
2. 研究方法　*79*
　（1）調査対象者　*79*
　（2）インタビュー方法、分析方法　*80*
3. 分析結果　*81*
　（1）ストーリーラインと結果図　*81*
　（2）6つのカテゴリーと10の概念　*83*
4. 分析結果の考察　*100*
5. まとめ　*102*

第4章 持続可能なキャリアにおける成長のチャンス
—— キャリアショック ——

1. はじめに　*108*
2. キャリアショックの定義　*110*
3. キャリアショック研究の背景　*112*
　（1）キャリアにおける偶然の研究　*112*
　（2）離職につながるショックの研究　*116*
4. キャリアショックに関する先行研究　*118*
　（1）個人特性との関係　*118*
　（2）時間との関係　*119*
　（3）キャリアへの影響　*119*
　（4）キャリアショックの類型化　*120*
5. キャリアショックの具体事例　*123*
　（1）スキル形成への切迫感（B氏の事例）　*124*
　（2）躊躇ない転職決定（C氏の事例）　*125*

（3）挫折からライフワークへ（F氏の事例）　*126*

6. 今後の研究の方向性　*129*

7. まとめ　*132*

第5章　持続可能なキャリアを導く自己概念
── 暫定自己と仕事における未来自己 ──

1. はじめに　*140*

2. 可能自己について　*142*

3. 暫定自己について　*146*

4. 仕事における未来自己について　*150*

　（1）仕事における未来自己という概念　*150*

　（2）仕事における未来自己がキャリアにもたらす影響　*153*

5. 仕事における未来自己の具体事例　*157*

6. 今後の研究の方向性　*161*

7. まとめ　*163*

事項索引　　　　　　　　　　　　　　　　　　　　　*169*

人名索引　　　　　　　　　　　　　　　　　　　　　*171*

第1章
持続可能なキャリアというパラダイム

キーワード　持続可能なキャリア、パラダイム、時間、エージェンシー、文脈、意味

　本書の目的は、持続可能なキャリアという、キャリア研究における新たなパラダイムについて理解を深め、今後重要になると考えられる研究テーマを考察することである。

　近年のキャリア研究は、この数十年において、個人、文脈、時間というキャリアの3つの次元に起こった大きな変化、例えば、人生100年時代の到来、労働力人口の高齢化、グローバル化の加速、情報技術の飛躍的発達などの影響を十分捉えきれていなかった。持続可能なキャリアは、こうした時代の変化を踏まえて提唱された新たなパラダイムである。

　持続可能という概念をキャリア研究に持ち込むことで、やや対立的な関係にあった組織内キャリア論とニューキャリア論の統合をはかり、例えば、キャリアを支える個人資源、家庭、趣味、偶発事象といった幅広い文脈の影響、さらには、時間経過に伴うキャリアの意味づけの変化といった、これまであまり注目されなかったテーマに多くの目を向けさせた点に大きな意義がある。

　持続可能なキャリア研究は始まったばかりであるが、本書をきっかけに、キャリアが本来持つダイナミックな側面に迫るテーマ、例えば、キャリア・アダプタビリティ、キャリアショック、仕事における未来自己、個人と組織のパートナーシップ、ワーカビリティなどに研究者の関心が集まり、キャリア研究が大きく発展することを期待する。

1.　はじめに

　本書の目的は、キャリア研究における新たなパラダイムとして、今後の展開が注目される「持続可能なキャリア」(sustainable careers) について理解を深め、その意義と今後重要になると思われる研究分野について考察することで、わが国のキャリア研究に貢献することである。本書を契機に、わが国のキャリア研究に、いわば持続可能なキャリア学派が生まれることを期待している。

　持続可能なキャリアは、オランダのラドバウド大学のBeatrice I.J.M. Van der Heijdenとベルギーのアントワープ・マネジメントスクールのAns De Vosという2人の女性のキャリア研究者をはじめとする、欧州の研究者グループが提唱したパラダイムである。2015年に『持続可能なキャリア研究』というハンドブック (De Vos & Van der Heijden (eds.), 2015) が出されたことやJournal of Vocational Behaviorの2020年3月号で『生涯にわたる持続可能なキャリア』という特集が組まれたことで、キャリア研究における新潮流として注目を集めつつある。

　Lawrence et al. (2015) は、これまでのキャリア研究を振り返り、ほぼ4半世紀ごとに大きなパラダイム・チェンジがあったという。第1ステージが個人、組織、職業を別々に捉える個別アプローチ、第2ステージが組織の中でのキャリアを考える組織内キャリア・パラダイム、第3ステージが組織の境界を越えるキャリアに注目するニューキャリア・パラダイムである。そして、第4ステージが持続可能なキャリア・パラダイムとなる。持続可能なキャリアに先立つ第3ステージのニューキャリア・パラダイムは、1990年代の初頭において、情報化やグローバル化が進む中で新たに起こりつつあったキャリアの現実を捉え、組織が管理するものとされていたキャリアを個人が管理するものへと視点を大きく転換させた点に意義があった。しかし、ニューキャリア論は組織内キャリア論のアンチテーゼとして登場し、組織を越える個人の主体性

に力点を置いたため、それまでのキャリア研究や組織論とうまく接続できず、ある種の分断を生み出す結果をもたらした。持続可能なキャリアは、持続可能性という新たな視点を持ち込むことで、組織内キャリアとニューキャリアという2つのキャリア論を統合した。金井（2010, 5頁）は「キャリアは、個人の生き方にも関わる深みのある概念であるので、その姿をうまく捉えるには、研究目的に応じた多様な視点の折衷（できれば統合）が望まれる」という。こうした意味で、持続可能なキャリアとは、キャリア研究を新たなステージに引き上げる議論だといえる。

　本章では、持続可能なキャリアに多くの注目が集まる契機となったVan der Heijden & De Vos (2015) および概念のモデル化を試みたDe Vos et al. (2020) を参考にしつつ、持続可能なキャリアの定義、提唱された背景、理論上のバックグラウンド、今後の研究課題等への理解を深めていきたい。最初に、持続可能なキャリアがキャリア研究における新たなパラダイムであることの意義を理解するために、パラダイムとは何かについて見ていきたい。

2.　パラダイムとは

　パラダイムとは科学社会学と呼ばれる研究領域で金字塔となる『科学革命の構造』(Kuhn, 1962) を著した科学史家のThomas Kuhnが提唱した概念である。もともと、科学は、宗教やイデオロギーとは違って、経験やデータをもとにどちらが正しいかを判断できるという特徴を持つと考えられていた。すなわち、ある理論が提唱され、そこから導かれた仮説がデータに合わなければ、理論が訂正されるというかたちで、漸進的、累積的、連続的に進歩するものだと考えられていた (Popper, 1959)。この考え方に対して、Kuhnは現実の科学の発展はそうなっておらず、科学者集団において共通のある支配的な考え方のもとでの漸進的な進歩と、支配的な考え方の革命的、非連続的な変化という二つのプロセスから成り立つと主張した。そして、この支配的な考え方をパラダイム、パラダイムのもとでの漸進的な進歩を通常科学と呼んだ。

　Kuhnの科学史観においては、科学の歴史は「パラダイム → 通常科学 → パラダイムの危機 → パラダイム変革 → 通常科学」というパターンを繰り返しながら不連続に発展するものだと考える。Kuhnはパラダイムを「一般に認められた科学的業績で、一時期の間、専門家に対して問い方や答え方のモデルを与えるもの」（Kuhn, 1962, 邦訳 v 頁）と定義する。科学者集団が取り組む、問いと答えの枠組みを与えるものがパラダイムだというのである。パラダイムの形成により、科学者集団における研究のおおよその方向性が規定され、規範的な研究内容が共有される。そしてそのことは、研究環境の安定化をもたらす。こうした安定状態が通常科学と呼ばれる。

　Kuhnの例によれば、プトレマイオスの『アルマゲスト』やアリストテレスの『自然学』にまとめられたような業績がパラダイムであり、このパラダイムのもとで蓄積された通常科学がプトレマイオス天文学（天動説）やアリストテレス力学である。そして、前者がコペルニクス天文学（地動説）、後者がニュートン力学に置き換えられたように、それまでの通常科学が矛盾を露呈して、新たなパラダイムとそれに続く通常科学に取って替わられることをパラダイム変革という。Kuhnのいうパラダイムは、のちにその定義の曖昧性を指摘され、Kuhn自身も使わなくなったが、その表現は元の意味を離れて一般に広く使われるようになった。パラダイムという言葉が広く用いられるようになったのは、何よりも、不断に創造的であるはずの学術研究にも、一定の型にはめ込まれ、その意味で制度化される側面があること、その側面が革命的に変わることがあることを指摘したためだと考えられる。

　パラダイムという言葉が、自然科学以外の領域に転用される場合は、一般的に、科学者の間で共有された知の枠組み、思考パターン、あるいは時代を反映する思想として用いられている。例えば、これまでの研究のあり方について根本的な疑問を感じ、抜本的な改革が必要だと考える場合に、パラダイムの転換が必要だと言われる。Kuhnは、パラダイムが変わるときには、データや論理による説得は通用しないと主張した。むしろ、それは革命という形をとるのである。社会科学におけるパラダイムは自然科学ほど厳密な形をとらず、何らかの思考の枠組みが存在するとしてもそれらが同時期に複数存在し、共存するこ

とも珍しくない。例えば、Burrel & Morgan (1979) は、組織理論におけるパラダイムには、機能主義、解釈主義、ラディカル人間主義、ラディカル構造主義の4つのキーパラダイムが存在すると整理している。

　キャリア研究においては、当初、キャリアは組織の中で、組織の側が管理するものとして主に機能主義的な視点で論じられてきたが、ニューキャリア論においては、キャリアの意味合いが主観的なものにシフトし、個人が自らの心理的成功を求めて、自らの責任において、組織の境界を越えて追求するものだと視点が大きく変化し、主に解釈主義的な視点で議論されるようになった。持続可能なキャリアは、その両方の視点をつなぎ、個人と組織がパートナーシップのもとで、長期の視点でともに考えるものへとキャリアを変化させようとしている。それまでの議論やものの見方を否定したわけではないので、この変化は厳密にいえば、パラダイムシフトではないが、キャリアを捉える視点をダイナミックに見直す動きは、研究者によるパズル解きの方向性を大きく変える可能性を秘めており、持続可能なキャリアという概念の登場は、広い意味でのパラダイムシフトと呼ぶに値するであろう。

3. 持続可能なキャリアとは

　持続可能 (sustainable) とは、メリアム＝ウェブスター辞典によると「長期にわたり維持、継続が可能で、枯渇や破壊なしに使用が可能」なもの、もしくは、「保存、再生しながら資源を使用する方法」を意味する。De Lange et al. (2015) は、ひとや仕事の持続可能性に言及した先行研究をレビューした上で、ひとや仕事に関わる持続可能性という概念には、次の4つの視点があるという。

　1つ目は、資源ベースという視点である。すなわち、持続可能性を資源の保存ないし再生のプロセスと捉える視点である。例えば、優秀な若手コンサルタントが、自分の仕事を天職だと感じたとしても、クライアントの高い要求に応えてオーバーワークを続けるうちに、燃え尽きてしまうようなケースは持続可能とはいえない。仕事を通じて、エンプロイアビリティや社会関係資本など

キャリアに必要な個人資源が開発され、それを維持、再生し続けられるのが持続可能なキャリアである (Valcour, 2015)。

　2つ目は、公平性という視点である。これは特定のひとではなく、現在および将来のすべてのひとの利益を守るという視点である。いいかえると、特定のコア社員に注目するのではなく、企業の内外で働くあらゆるひとに目を向ける包摂的な視点である。Kooij et al. (2014) は、現代の人的資源管理は若い従業員のニーズを満たすことに注力し、年配の従業員への配慮が不十分であるため持続可能性の観点からは問題があるという。公平性という視点を持つことで、これまで注目されることが少なかった後期キャリアや、非正規で働くひとのキャリアに目を向けることが可能にある。

　3つ目は、進歩という視点である。仕事の内容、働き方、スキルなどに対する、社会的、技術的イノベーションの重要性に目を向ける視点である。仕事における持続可能性を確保するには、組織も個人もスキルの陳腐化を防ぐだけでなく、将来の仕事に適応するための新たなスキルと知識の獲得に取り組む必要がある。

　4つ目は、すでに述べた3つの視点に埋め込まれたものであるが、仕事と個人の適合におけるシステムベースの視点である。仕事における持続可能性を維持するには、多くの関係者（例えば、職場、会社、家庭、さらには社会、経済といったマクロ文脈）と個人との関係をうまく調整していく必要がある。

　このように、持続可能という概念により、キャリア研究に、資源、公平性、進歩、システムベースという視点を持ち込んだ点が、持続可能なキャリアというパラダイムの意義だといえる。

　Van der Heijden & De Vos (2015, p.7) は、持続可能なキャリアを「長期間にわたる、いくつかの社会的空間のもとでの様々なパターンの継続の中で意味づけられた、個人の主体性にもとづくがゆえに個人にとって意味深い、異なるキャリア経験の積み重ね」[1]と定義する。「長期間にわたる様々なパターンの継

1　原文は、the sequence of an individual's different career experiences, reflected through a variety of patterns of continuity over time, crossing several social spaces, and characterized by individual agency, herewith providing meaning to the individual.

続」とは、いろいろな仕事経験を重ねる中で、雇用される時期と雇用されない時期（パートタイム、ボランティア、失業、サバティカル休暇、介護など）がありうるが、これらをうまくつなげることで、将来を犠牲にすることなく現在の欲求を満たすことが可能になるという視点である。キャリアとは本質的にダイナミックに変化するものであり、仕事の選択、ある仕事から次の仕事への変化（転職や職種転換）、ある状態から次の状態への移行（失業、引退、一時的な休暇など）といったイベントや決断が円環状に回る中で形成される。「長期間にわたる様々なパターンの継続」という視点を持つことで、今どのような判断をすることが将来のキャリアの持続可能性につながるかという発想が可能になる。

　「いくつかの社会的空間のもとでの」とは、キャリアがいろいろな文脈（仕事、家庭、友人、趣味など）の中で実現するものになり（Greenhaus & Kossek, 2014）、キャリアにおける境界がなくなってきたこと（Arthur, 1994, 2014）を意味する。仕事だけでなく、人生全体に目を向ける視点を持つことで、例えば、共働きや介護がキャリアに何をもたらすのかといったテーマに注意を向けることが可能になる。

　「個人の主体性にもとづくがゆえに」とは、キャリアの決定が個人に委ねられていることを意味する。キャリアが関わる社会的空間が広がったために、個人は多くのキャリア上の選択肢を持ち、主体的な選択を通じて、自らのキャリアを作り上げる必要がある。

　「個人にとって意味深い」とは、個人によってキャリアが持つ意味が異なることを意味する。持続可能なキャリアを歩むひととは、仕事に必要な専門知識をアップデートするだけでなく、仕事から意味を引き出し続けられるひとを意味する。いつまで働くのか、キャリアのピークをどこにするのか、キャリアの成功をどう考えるか、どの程度学びたいと思うかといったことは、個人によって異なる。個人にとっての意味深さに注目することにより、個人がキャリアに対して持つ考え方の違いに目を向けることが可能になる。

4. 持続可能なキャリアが提唱された背景

　近年、持続可能な開発 (WCED, 1987) への関心が高まる中で、ひとという資源の持続可能性についても関心が高まりつつある (Ehnert, 2009; Kossek et al., 2014; Newman, 2011; Pfeffer, 2010)。Pfeffer (2010, p.35) は「物理的な持続可能性の観点から、企業活動が資源や環境に与える影響を考えるのと同様に、社会的な持続可能性の観点から、企業活動がひとの肉体的、精神的健康やウェルビーイングに与える影響、すなわち、仕事がひとというシステムに与えるストレスについて考える必要がある」と主張する。

　Van der Heijden & De Vos (2015) によると、持続可能なキャリアという新たなパラダイムが必要となったのは、時間、文脈、エージェンシー (agency)[2]、意味という4つの次元において大きな変化があったからだという。

(1) キャリアにおける時間の変化

　キャリアとは「個人が長年にわたって積み重ねた仕事経験のつながり」(Arthur et al., 1989, p.8) であり、仕事と時間が最も重要な意味を持つ。その時間に関して、この数十年の間に大きな変化が2つあった。

　1つは、仕事のサイクルが短期化し、自分のキャリアにおいてこの先何が起こるのかの見通しが立ちづらくなったということである。その背景には、デジタル・トランスフォーメーションといわれる情報技術の発達に伴う社会経済の非連続的変化や経済のグローバル化の加速がある。

　もう1つは「人生100年時代」(Gratton & Scott, 2016) との認識が広がり、働く期間が長期化する見通しが強まったことである。わが国においても、

2　エージェンシーとはそのひとのキャリアのために誰が働いてくれるのかを意味し、組織内キャリア論であれば組織を、ニューキャリア論であれば個人を意味する。ここでは原文のニュアンスを残すためにそのままエージェンシーとカタカナ表記した。

2021 年 4 月には、高年齢者雇用安定法の一部改正により、努力義務ではあるが 70 歳までの就業機会が大きく開かれた。

このように将来の見通しが立ちづらい中で、長くキャリアを歩むことは、仕事での思いがけない不運や挫折、あるいは、リストラや大規模な組織改革、さらには仕事内容の抜本的変化など、キャリアの持続可能性が脅かされる困難や試練に直面する機会が増えることを意味する。Lawrence et al. (2015) は、持続可能なキャリアの意義は、こうしたキャリア環境の変化を踏まえて、エンプロイアビリティ (employability: Fugate et al., 2004; Van der Heijde & Van der Heijden, 2006) とワーカビリティ (work ability: Ilmarinen et al., 2005)[3] という時間に関わる観点を持ち込んだ点にあると指摘している。

(2) キャリアにおける文脈の変化

キャリアを歩む個人を取り囲む文脈にも大きな変化があった。かつての組織内キャリア論では、組織はキャリアを育む土台であり、先の見通しが可能な安定した文脈であった。しかし、現代の組織はグローバル化の進展、デジタル・テクノロジーの飛躍的発達、顧客価値の多様化、労働力人口の高齢化といった様々な変化にさらされており、もはや安定を所与とすることはできない。また、個人のキャリアも 1 つの組織にしばられないものになった (Arthur, 1994) ため、より多くの環境変化にさらされるようになった。

組織以外の社会、家庭、趣味といった文脈は、組織内キャリア論では関心の外におかれ、また、バウンダリレス・キャリアでは、組織境界を越えるキャリアに関心が集まった (Inkson et al., 2012) ため、結果的にこうした幅広い文脈には十分な注意が向けられなかった。しかし、近年、例えば、共働きの広がり[4]や介護負担の増加など、家庭に関わる文脈は、キャリアの持続可能性にとって、無視できないものとなっている。こうした様々な文脈とその変化は、

3　ワーカビリティについては、本章 8 節の (5) を参照のこと。

4　厚生労働省「男女共同参画白書」(令和元年版) によると、共働き世帯は昭和 50 年 (1980 年) の 614 万世帯から、平成 30 年 (2018 年) の 1219 万世帯と約 30 年でほぼ倍増している。

個人に多くのリスクと同時に多くのチャンスをもたらすため、持続可能なキャリアにとって注目すべきテーマとなる。

(3) キャリアにおけるエージェンシーの変化

キャリアにおけるエージェンシーとは、誰が個人のキャリアに責任を持つかを意味する。この誰が個人のキャリアの責任者かという点について認識の変化があった。現代のキャリア論、とくにニューキャリア論は、自らのキャリアを組織に委ねるのではなく、自分自身が自分のキャリアの管理責任者となるべきと考え (Inkson et al., 2012)、そして、キャリアを歩む上で個人が持つ資源が重要であると主張した (DeFillippi & Arthur, 1994; Hall, 2002)。こうした指摘は、持続可能なキャリアを考える上で引き続き大変重要な意味を持つ。しかし、複雑で、幅広い選択肢のある現代社会において、個人がキャリアの管理責任の全てを引き受けることは現実的ではないにもかかわらず、ニューキャリア論はキャリアにおける個人の主体性を強調したため、キャリアに対する組織の責任には十分な注意が向けられなくなった。持続可能なキャリアは、キャリアのエージェンシーについて、個人と組織の共同責任といった考え方を取る点が大きな特徴である。共同責任と考えることで、成長につながる仕事の付与、配置転換、ワークライフバランスへの配慮などの人的資源管理をキャリア研究の視野に入れることが可能になる (De Vos et al., 2020)。

(4) キャリアにおける意味の変化

キャリアという概念の持つ意味は大きく変わった。Arthur et al. (1999) は、キャリアは稼ぐ手段 (means of earning) から学ぶ手段 (means of learning) に進化したといい、Hall (2002) は、キャリアは個人が心理的成功を求めて変幻自在にその姿を変えるものになったという。このように、キャリアの意味が主観的なものになるに伴い、その意味は大きく広がった。Inkson (2004) は、50のキャリアストーリーを分析し、個人が自らのキャリアを主観的に理解する際に、9つのメタファー、すなわち、継承 (inheritance)、構築物 (construction)、サイクル (cycle)、適合 (fit)、旅 (journey)、出会いと人間関係 (encounters and

表 1-1　持続可能なキャリアの背景となった 4 次元における変化

次元	変化
時間	・働く期間の長期化 ・キャリアの先行きの不透明化 ・仕事サイクルの短期化 ・エンプロイアビリティとワーカビリティの重要性の高まり
文脈	・組織の不安定化 ・生涯に経験する仕事、組織数の増加 ・社会、家庭、趣味がキャリアに持つ影響の高まり
エージェンシー	・キャリアにおける個人の主体性の重要性と組織関与の必要性 ・個人のキャリア資源の重要性の認識
意味	・個人がキャリアに対して持つ主観的意味の広がり

（出典）De Vos et al.（2016, p.12）をもとに筆者作成

relationships）、役割（role）、資源（resource）、ストーリー（story）という比喩を用いるという。このように、キャリアの持つ意味が多様になることは、個人にとってはチャンスであると同時にリスクである。かつて、Schein（1990）は、キャリアにおける基本的な価値観を 8 つのキャリア・アンカー（career anchor）[5] に分類し、主観的なキャリア成功は、自らのキャリア・アンカーに対し、現在のキャリアの状態をどう評価するかで決まるとした上で、自らの価値観に沿ってキャリアを選択し、自分のキャリア・アンカーに照らして満足感や達成感を得ることは、容易なことではないという。

　これまでに述べた持続可能なキャリアというパラダイムを生み出す背景となった、時間、文脈、エージェンシー、意味という次元における変化は、表 1-1 のとおりまとめることができる。現代において、キャリアの不確実性が高まるとともに、キャリアの持続可能性を脅かす、働き過ぎ、失業、仕事内容の

5　キャリア・アンカーの内容には、次のようなカテゴリーがある。①専門を極めること、②人びとを動かすこと、③自律・独立して仕事ができること、④安定して心配なく仕事ができること、⑤絶えず、企業家として（あるいは、企業家のように）なにか新しいものを創造すること、⑥だれかの役に立ち、社会に貢献できること、⑦自分にしかできないことに挑戦し続けること、⑧仕事と家族やプライベートライフのバランスがとれるライフ・スタイルを実現すること（Schein, 1990. 訳は金井, 2010）

大幅な変化、雇用の非正規化といった現象が世界中に広まり、キャリアの持続可能性が多くのひとにとって重要な関心事となったことが、持続可能なキャリアというパラダイムを生み出す背景となっているといえよう。

　なお、持続可能なキャリアは、これまでの組織内キャリア論やニューキャリア論に置き換わろうとするものではない。むしろ、2つのキャリア論の流れを統合し、さらなる発展を目指すものだといえる。例えば、キャリア発達における組織という文脈については、組織内キャリア論において最も深く検討されてきたテーマであるが、持続可能なキャリア論では、組織という文脈に加えて、グローバル化や技術革新といった組織を取り巻く文脈や、家庭、趣味などといった個人的な文脈、あるいは、偶発事象のような文脈も含めて考える。

　また、キャリアは、個人が自らの責任で自分にとっての心理的成功を追うものになったという点は、プロティアン・キャリア (Hall, 2002) で主張されてきたことだが、持続可能なキャリアは、その時々の時間的展望や文脈の制約を踏まえて選択してきたキャリアを長い目でどう意味づけるのかいう観点を加える。

　さらに、自律した個人がキャリアの管理主体であり、キャリアは1つの組織にとらわれないものだとの考え方はバウンダリレス・キャリア (Arthur, 1994) で主張されてきたことであるが、持続可能なキャリアは、キャリアついての個人と組織の共同責任やステイクホルダーとの相互作用という視点を加え、長期のキャリア発達における組織やステイクホルダーとの関わりについても視野に入れる。

　このように、組織内キャリアかニューキャリアかのいずれか一方の視点に偏るのではなく、キャリアにおける多様な文脈の影響を認め、キャリアから各人なりの意味を引きだそうとする営みを、組織の役割も含めて統合的に捉えようとするのが持続可能なキャリアの視座だといえる。Lawrence et al. (2015) は、この4半世紀のキャリア研究を振り返り、ニューキャリア論はキャリアにおける個人の主体性を強調したため、組織研究との関係が遠くなり、Academy of Management Journal、Organization Science、Administrative Science Quarterly など、メインストリームの学術雑誌にあまり掲載されなくなった。また、キャリアの研究の多くは、キャリアの心理学的な側面、職業教

育の側面に偏っていると批判している。Jones & Dunn (2007) も同様に、キャリア研究は組織研究との架橋に成功していないという。持続可能なキャリアというパラダイムには、こうしたキャリア研究の現状に新たな活力を与えることが期待される (Van der Heijden & De Vos, 2015)。

5.　持続可能なキャリアの理論モデル

　De Vos et al. (2020) は、持続可能なキャリアの理論モデルを図 1-1 のように示す。すなわち、持続可能なキャリアは、個人、文脈、時間という 3 つの次元で構成され、その成果は健康、幸福、生産性という 3 つの指標の総和として示される。そしてそれらが個人とキャリアのフィット (person-career fit) という概念で結びついている。

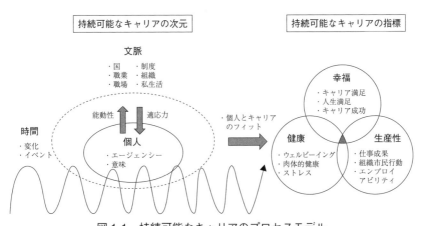

図 1-1　持続可能なキャリアのプロセスモデル
（出典）De Vos et al. (2020)

（1）持続可能なキャリアを構成する 3 つの次元
　持続可能なキャリアを構成する次元の 1 つ目は個人という次元である。持続可能なキャリアにとって、個人という次元が最も重要であることは言うまでもない。組織、職場、家庭といった文脈が生み出す機会や制約に、個人として

どう向き合い、どのような意味を導き出すかが、持続可能なキャリアの実現を左右するからである。

　個人という次元においては、エージェンシーと意味が重要である。エージェンシーとは、キャリアに対する主体性を意味する。時とともに変化する個人の欲求と個人を取り巻く文脈のマッチングを行っていくためには、環境に働きかける能動性 (proactivity) と環境に適応する適応力 (adaptability) の2つの主体性が必要となる。また、意味とは、キャリアに対する個人の欲求や価値観を指す。健康、幸福、生産性を揃えた持続可能なキャリアを歩むには、キャリアの意味が明確である必要がある。仕事を意味深いと感じることが、モチベーション、エンゲージメント、満足といったポジティブな態度や行動をもたらすからである (Hu & Hirsh, 2017)。

　こうしたエージェンシーや意味の観点から、個人に求められるのが、キャリア・コンピテンシー (career competency: Akkermans et al., 2013) やキャリア・アダプタビリティ (career adaptability: Savickas, 1997, 2005)[6] といった個人資源である。Akkermans et al. (2013, p.108) は、キャリア・コンピテンシーを「個人のキャリア発達に必要な知識、スキル、能力」と定義し、内省、コミュニケーション、行動の3つの要素から構成されるという。また、Anseel (2017) は、持続可能なキャリアには、素早い学習 (agile learning) の能力が必要であり、フィードバック探索行動とリフレクションが一体として機能することが重要だという。フィードバック探索行動は、コミュニケーションと行動に該当し、リフレクションは内省にあたる。

　Hirschi (2012) は、個人の主体的なキャリアマネジメントには、人的資本、社会関係資本、心理的資源、キャリア・アイデンティティ資源の4つのキャリア資源が必要だという。その中でも、エージェンシーや意味という観点から、最も重要だと考えられるのが、あとで述べるキャリア・アダプタビリティという心理的資源である。Savickas (1997, 2005) は、キャリア・アダプタビリ

6　キャリア・アダプタビリティについては、本章8節の(1)および、第2章、第3章を参照のこと。

ティが備わることにより、時とともに変化する環境に適応し、様々な経験から自分にとっての意味を引き出すことが可能になるという。このように、個人という次元においては、エージェンシーと意味、および、それを支える個人資源が重要な構成要素となる。

　2つ目は文脈という次元である。組織だけでなく、家庭を含めた様々な文脈と個人の長期にわたる相互作用に注目する点が、持続可能なキャリアとこれまでのキャリア研究との大きな違いである。ここでいう文脈には、仕事関係では、組織、職場、職務、職業、労働市場などがあり、また、プライベートライフでは、家庭、趣味、地域との関わりなどがある。そして、それらに影響を与えるマクロの文脈として、社会、文化、国、制度、技術革新、グローバル化などが幅広く含まれる。

　De Vos et al. (2020) は、個人を取り巻く様々な文脈について次のような例を挙げる。組織レベルでは、例えば、人事に関わる方針やその運用がある。会社が外部採用を増やす方針をとれば、生え抜きの社員のキャリア発達の機会は減ってしまう。職場レベルでは、例えば、同僚や直属の上司によるサポートがある。思いやりのある職場環境があれば、高度な仕事にも対応しやすくなり、持続可能なキャリアを歩みやすくなる。職業レベルでは、例えば、デジタル・トランスフォーメーションがある。こうした飛躍的な技術革新が、仕事の内容を変え、時には奪い、培った能力を無用にすると同時に、新たな能力の必要性を高める。国レベルでは、例えば、規制や制度がある。教育や訓練、共働きの親のサポート、退職に関する仕組みや制度はキャリアの持続可能性に大きな影響を与える。また、プライベートライフでは、例えば、共稼ぎのカップルのケースがある。配偶者のキャリアの意思決定が自分のキャリアに影響を与える可能性がある。ワークライフバランスという観点で、仕事以外の文脈を視野に入れることは、キャリアの持続可能性を考える上で重要である。

　こうした幅広い文脈を視野に入れるシステム・アプローチが持続可能なキャリアの特徴である。持続可能なキャリアでは様々なステイクホルダー（会社、職場の同僚、家族など）とのオープンな意思疎通を重視する (Kossek et al., 2014)。組織との対話の重視は、Schein (1978) が主張してきた、組織の成果も

個人の満足も、組織の期待と個人の欲求のマッチングにより実現されるという考え方の重要性に再び光を当てるものだといえよう。

　3つ目は時間という次元である。長期的な視点で、時間経過に伴う個人や文脈の変化に注目するダイナミック・アプローチが、持続可能なキャリアの特徴である。個人の性格、仕事に対する価値観、仕事に向き合う態度、目標や動機などは、年齢を重ねるに従い変化する (Nagy et al.,2019)。また、個人を取り巻く組織や家庭といった文脈も時とともに変化する。こうした個人と文脈の変化を捉えようとするのが、持続可能なキャリアのアプローチである。

　持続可能なキャリアとは、決して中断のない一直線のキャリアや静的なキャリアを意味しない。むしろ、長期にわたる幅広い文脈の中で、ポジティブ、ネガティブ双方のイベントに適応しながら、過去、現在、未来を意味づけていくダイナミックなプロセスである。例えば、バーンアウトのように、短期的にはネガティブに見えるケースであっても、そのことで自分に合わないことに無理をする状況を抜け出すのであれば、長期的には持続可能なキャリアへの移行期[7]だと捉えることができる (Semeijin et al., 2019)。

　キャリアにおける選択や出来事は、その直後に影響が出ることもあれば、長い時間を経た後に影響が明らかになることもある。したがって、ある時点でどうかという短期の判断ではなく、長い目で見てどうすればキャリアが持続可能になるかという長期の視点が重要になる。例えば、仕事と家庭の両立を重視し、能力開発機会に対し消極的な姿勢を続けていれば、その時点ではワークライフバランスにつながったとしても、長い目で見た場合、仕事の充実感や雇用の保障は得にくくなるだろう。また、仕事にのめり込むことは、短期的には充実感があっても、長期的にはバーンアウトや仕事中毒といった弊害をもたらすリスクがある。

7　こうした局面で必要となるキャリア・レジリエンス (career resilience: Mishra & McDonald, 2017) については、今後、重要な研究課題である。

(2) 持続可能なキャリアの成果指標

　持続可能なキャリアの成果指標は、健康、幸福、生産性の3項目である。この3点において、個人とキャリアがダイナミックにフィットすることが持続可能なキャリアであり、個人に対してだけでなく、個人が関わる組織、同僚、家庭に対しても良い状態がもたらされることではじめて持続可能になると考える点が大きな特徴である。

　健康とは、肉体的健康および精神的健康を意味し、単に病気でないといった狭義の健康だけでなく、心理的ウェルビーイング (psychological well-being)[8] のようなより広義でポジティブな概念を包含している。肉体面で負担のかかる仕事（交替勤務、建設作業、看護師など）は、若い時には問題がなくても、適切な予防策が取られなければ、年とともに影響が顕在化し、長期的なキャリアに影響を与えることがある。同様に、精神面で負担のかかる仕事は、加齢や仕事負荷の増加により、ある一定の閾値を越えるとバーンアウト (burnout; Khamisa et al., 2016) のような結果を招き、キャリアからの離脱をもたらしかねない。このように、肉体面、精神面での健康は、持続可能なキャリアを実現する上で重要な指標となる。

　幸福とは、幅広い人生の観点から見て、自分のキャリアは主観的に成功であった、満足であったといえる状態を意味し、主観的なキャリア成功やキャリア満足などにより捉えることができる。こうした幸福は、仕事と個人の価値観、目標、ワークライフバランスや成長への欲求がダイナミックにフィットすることでもたらされる。仕事に対する個人の欲求は、時間の経過とともに変化するため、幸福の観点から持続可能なキャリアを捉える場合には、ある断面だけでなく、長期の時間軸で見る必要がある。

　生産性とは、今の仕事で高い成果を収めると同時に、将来もしくは他の仕

8　Ryff (1989) は、心理的ウェルビーイングを構成する次元として、人間的成長 (personal growth)、人生における目的 (purpose in life)、自律性 (autonomy)、環境制御力 (environmental mastery)、自己受容 (self-acceptance)、積極的な他者関係 (positive relationship with others) の6つを挙げている。

事において、高いエンプロイアビリティを確保している状態を意味する。Van der Heijde & Van der Heijden (2006, p.453) は、エンプロイアビリティを「個人の能力を最適に活かすことで、継続的に仕事を遂行し、獲得し、生み出す力」と定義する。したがって、生産的とは、個人のキャリアと組織の期待が長期にわたりダイナミックに適合している状態を指す。ここで組織の期待には、仕事への活力、熱意、エンゲージメント、役割外行動 (extra-role behavior) などが含まれる。時間の経過とともに、個人も環境も変化するため、生産性を維持するために必要な行動も変化する (Alavinia et al., 2009)。例えば、若者であれば、新しい仕事で成果を出すために必要なスキルを早く身につけることが重要であり、年配者であれば、ある種の行動を学習棄却し、デジタル化など時代の変化についていくためのスキルを身につけることが重要になる。

ここで注意しておかねばならないことは、個人が追求するキャリア成功がどのようなものであるにせよ、持続可能なキャリアでは、エンプロイアビリティを中核的な要素と考える点である。こうした考え方の背後には、キャリアにおける主観的な意味は客観的な仕事経験を通じて導き出されるため、エンプロアビリティが主観的キャリアを支える土台となるといった考え方があるが、健康、幸福、生産性といった成果指標の相互関係については、いまだ実証研究の蓄積が十分ではなく、今後の研究の蓄積が期待される。

(3) 個人とキャリアのフィット

最後に、3つの次元と成果指標をつなぐ個人とキャリアのフィットについてである。個人とキャリアのフィットとは、個人のキャリア上の仕事経験が個人の欲求、価値観、興味、才能などとどの程度適合しているかを示す概念である (Parasuraman, et al., 2000, p.68)。Parasuraman らは、ニューキャリア論者が主張するキャリアのミニサイクルを生涯といった長期視点で俯瞰すると、生物的な年齢とキャリアの適合度の関係には、右肩上がり、右肩下がり、ランダムといった何らかのパターンが存在すると考えた。そして、年齢とともにキャリアとの適合度が高まる理想のキャリアを歩むには、効果的なキャリアの意思決定をするための能力とスキル、および、高い自尊心と仕事重視の

姿勢が生み出すキャリア欲求というモチベーションの2つが必要になると主張した。

　このように、持続可能なキャリアは、個人、文脈、時間という3つの次元、その成果を示す健康、幸福、生産性という3つの指標、そしてそれらをつなぐ個人とキャリアのフィットという概念によりモデル化される。このようなモデルを念頭に置くことにより、キャリアにおいて主体的な個人が果たすべき役割、個人を取り巻く幅広い文脈との相互作用、キャリアにおける長期的なダイナミズムに目を向けることが可能になるとともに、個人の健康や幸福に加えて、組織をはじめとするステイクホルダーにとっても満足をもたらすキャリアのあり方を考えることが可能になる。

6. 持続可能なキャリアのバックグラウンドとなる理論

　De Lange et al. (2015) は、仕事における持続可能性について書かれた論文をレビューした上で、持続可能なキャリアは、心理学、社会学、経営学における多くの基礎理論に依拠していると述べている。De Vos et al. (2020) は、中でも資源保存理論 (Hobfoll, 1989, 2002)、自己決定理論 (Ryan & Deci, 2000)、あるいは、補償を伴う選択最適化理論 (Baltes et al., 1999) や社会情動的選択理論 (Carstensen, 1995, 2006) といったライフスパンに関わる理論が重要な役割を果たすという。こうした基礎理論に依拠することで、個人、文脈、時間という視点をキャリア研究の中に取り込むことが可能となる。
　以下、持続可能なキャリアが依拠する代表的な基礎理論について見ていくこととする。

(1) 資源保存理論
　持続可能なキャリアでは、キャリアを持続可能にするには、能力・スキルといった人的資本、人的ネットワークや評判といった社会関係資本、キャリア・

アダプタビリティといった心理的資源など、キャリアに関する個人資源が重要であり、そうした資源を獲得、維持、再生することが持続可能性の鍵を握ると考える (De Vos et al., 2020)。したがって、そうした資源を獲得、維持、再生するプロセスを説明する資源保存理論 (Conservation of Resources Theory) が重要な理論的フレームワークとなる。

資源保存理論とは、Hobfoll (1989, 2002) により提唱されたストレス対処に関する理論である。資源保存理論は資源[9]という単一の概念で、ストレスが起こる原因を説明する。すなわち、ひとは資源を獲得し、守り、育むよう動機づけられているという基本仮説のもと、ひとは資源が失われそうになった時に、強いストレスを感じると考える。また、この理論は、ひとは資源を蓄積しておくプールを心の中に持っており、プールにストレス対処に必要な資源が多くあれば、ストレスを受けた際に、ある資源と別の資源を組み合わせて、失われた資源を補完できると考える。こうした意味で、資源の維持、再生は、持続可能なキャリアにとって重要なテーマである。

さらに、この理論は単一の資源に注目するのではなく、資源の集合体 (resource caravans: Westman et al., 2004) という概念で、資源間の相互作用に注目する。例えば、正社員として雇用され、上司の支援を得て、自律的な働き方をすることで（境遇）、自分は有能であり、仕事ができるという自尊心や自己効力感を高め（個人的特徴）、さらに高い目標にチャレンジするための知識（エネルギー）を得て、ポジティブな結果を得るといった具合である。さらに、獲得/喪失のらせん (gain/loss spiral: Westman et al., 2004) という概念で、長期の時間軸における資源の変化を捉える。資源喪失はさらなる資源喪失に、資源獲得はさらなる資源獲得につながると考えるのである。

9 　資源保存理論では、資源を「ひとが価値を置く、あるいは、価値を置くものを獲得する手段としての役割を果す物、個人的特徴、境遇、エネルギー」(Hobfoll, 1989, p.516) と幅広く定義する。物とは、家、車、仕事の道具などであり、個人的特徴とは、自己効力感、レジリエンス、楽観性といった個人特性や専門的技能などであり、境遇とは、結婚、学歴、雇用されていること、雇用の保障、社会的支援、仕事の裁量などであり、エネルギーとは、信用、知識、時間、金銭などを指す。

　このように、ひとの資源を幅広く捉え、その獲得、維持、再生のメカニズムを捉える資源保存理論を基礎におくことで、持続可能なキャリアにおける個人、文脈、時間という次元の相互作用に光を当てることが可能となる。

(2) 自己決定理論

　持続可能なキャリアとは、個人が自分にとっての意味を求めて、長期にわたり、環境に主体的に働きかけていくキャリアのことをいう。こうしたキャリアにおけるモチベーションや能動性を理解する鍵が自己決定理論 (Self-Determination Theory: Ryan & Deci, 2000) である。自己決定理論とは、内発的動機づけ理論 (Deci, 1975) を発展させたものであり、次の3つの考え方を前提としている。1つ目は、ひとは本来的に能動的であるということである、2つ目は、ひとは本来的に成長、発達、統合的な生き方を求めるものだということである。3つ目は、ひとは自発的に能力を発揮するが、必要な資源[10] を補給する支援的な環境が必要だということである。こうした前提から自律性 (autonomy)、有能性 (competence)、関係性 (relatedness)という3つの本来的な欲求が導かれる。このように自己決定理論を基礎理論とすることで、持続可能なキャリアにおける基本的なモチベーションとそうしたモチベーションを維持するために、ステイクホルダーとよく話し合うことの重要性を理解することが可能になる。

(3) 補償を伴う選択最適化理論と社会情動的選択理論

　持続可能なキャリアとは、生涯にわたるダイナミックな発達プロセスであるため、生涯を通じてモチベーションや態度がどのように変化するかという長期の視点が重要になる。こうした人生全体を扱う際の基礎理論となるのが、補償を伴う選択最適化理論 (Selection Optimization with Compensation: Baltes et al., 1999) と社会情動的選択理論 (Socioemotional Selectivity Theory: Carstensen, 1995, 2006) である。

10　自己決定理論では養分 (nutriments) という。

　補償を伴う選択最適化理論は、ひとが加齢による機能低下や喪失の中で、自らの目標を達成するためにどのように適応するのかを説明する理論である。Baltes et al. (1999) は、高齢期の心理的適応は、選択、補償、最適化を通じたメカニズムにより達成されるという。すなわち、以前より狭い領域を探索して特定の目標に絞り（選択）、機能低下を補うために他者の支援や何らかの手段や方法を獲得し（補償）、その狭い領域や特定の目標に最適の適応を果たす（最適化）ことで自らの目標を達成するというのである。Baltes & Baltes (1990) は89歳まで現役のピアニストとした活躍したルビンシュタインの例を挙げ、ルビンシュタインが高齢になってもいつまでも素晴らしいピアニストでいるために、「演奏する曲のレパートリーを減らす（選択）」「少ないレパートリーに絞って、その曲の練習機会を増やす（補償）」「曲全体のスピードを遅くし、それによって速い動きをする部分のスピードの印象を高めるような対比をつくりだす（最適化）」といった適応戦略をとることで、新たな発達的適応が可能となったと説明している。

　社会情動的選択理論 (Carstensen, 1995, 2006) とは、社会関係における目標やモチベーションがひとの生涯においてどう変化するかに関する理論である。この理論は、年齢そのものではなく、時間的展望に注目し、加齢に伴う時間的展望の変化が社会関係における目標やモチベーションに変化をもたらすと説明する。若者のように、自分に残された時間が限りなくあると認識すると、将来の自分を築くための目標、すなわち、新たな知識の獲得が重要になる。そのため、交際の対象も慣れ親しんだ人間関係よりも（仮にストレスを伴っても）新たな知識の獲得につながる人間関係を選ぶようになる。

　一方、高齢者のように、自分に残された時間や将来を限りあるものだと認識すると、新たな知識など、将来の見通しを広げるための目標はあまり重要とされなくなり、代わりに、より現在に近い、安心感、幸福感といった情動的な満足が目標に選ばれるようになる。高齢者が交際の範囲を狭めながらも幸福感を維持できるのは、情動的な満足を満たすという自身の動機づけに従い、親密な他者との交際を選択するからだと考えるのである。社会情動的選択理論は、時間的展望の変化は、加齢だけでなく、転居、病気、戦争などの文脈によっても

引きおこされると考えるため、加齢以外の状況変化による目標や動機の変化を説明するためにも有用である。

　このように、資源保存理論は、キャリアを持続可能なものにするには、どのような資源を重視し、それをどのように獲得、維持、再生すべきかを考える上で、自己決定理論は、長期にわたるキャリアのモチベーションや能動性を理解する上で、さらに、補償を伴う選択最適化理論や社会情動的選択理論は、加齢に伴う目標設定や動機の変化を理解する上で大変参考になる理論である。ここで紹介した理論の組み合わせは、持続可能なキャリアについて理論構築する際の重要な基礎となる (De Vos et al., 2020)。

7.　持続可能なキャリアの実現に向けた組織の役割

　持続可能なキャリアの実現のために、個人の主体性が鍵を握るが、本章の4節 (3)「キャリアにおけるエージェンシー」で述べたとおり、組織の役割も大変重要である。Valcour (2015) は、表 1-2 のように持続可能なキャリアの特徴について、個人の視点から見た場合と組織の視点から見た場合を対比的にまとめ、個人の能力発揮と組織の成果、個人の継続的学習と組織のコンピタンスの維持、ワークライフバランスへの配慮と組織へのコミットメントの確保といった、個人の欲求と組織の期待の統合を図っていくことが重要だという。

　本節では、持続可能なキャリアを実現するための人的資源管理、キャリアマネジメントとはどのようなものかというテーマを中心に、持続可能なキャリアの実現に必要となる組織の役割について考えていきたい。

表 1-2　持続可能なキャリアの特徴（個人と組織の視点の対比）

個人の視点	組織の視点
・個人の強み、興味、価値と仕事の一致	・人的資源からの最大のアウトプット
・継続的な学習と再生	・組織のコンピタンスの継続的更新
・生涯を通じたワークライフバランス	・組織へのコミットメントと人材保持

（出典）Valcour (2015, p.22) をもとに筆者作成

(1) 持続可能な人的資源管理

　De Prins et al. (2015) は、持続可能な人的資源管理 (Sustainable Human Resource Management)¹¹ を考えるには、Elkington (1999) のいうトリプルボトムライン (people, planet, profit) の考え方を、人的資源管理に展開した、ひとに対する尊敬 (respect)、外部環境へのオープンさ (openness)、継続性 (continuity) という3つの視点が重要だといい、3つの頭文字をとったROCモデルを提唱している。

　1つ目の「ひとに対する尊敬」とは、ひとを単なる経営資源の一部と見るのではなく、一人ひとりの従業員にキャリアがあることを認め、一人ひとりの人間性や人生において追求する意味に配慮するという考え方である。

　すなわち、組織成果の実現だけでなく、個人の幸福、健康、能力発揮といった従業員側のニーズの充足を含めて人的資源管理を考える視点である。1990年代頃から注目を集めた戦略的人的資源管理 (Strategic HRM) では、ひとを客観的で合理的な経営資源として捉え、ひとの態度や行動をいかに組織成果に向けて方向づけるかを論じてきた。

　この考え方は、経営戦略論におけるリソース・ベースド・ビュー (Resource-Based View: Barney, 1991) と結びつき、持続可能な競争優位性の構築という観点から人的資源を捉えたため、結果的に人的資源の持つ人間性という面にあまり注意を払わなかった (Lengnick-Hall et al., 2009)。そのため、ひとは人的資源管理論の中心的な関心事であるにもかかわらず、実際の人事施策や職場での実践においては、ひとが持つ豊かで、温かく、予想しづらい側面については忘れられてきたとの批判がある (Bolton & Houlihan, 2007)。ひとに対する尊敬とは、人的資源管理論の関心を組織成果だけでなく、仕事の充実感、健康、ウェルビーイング、あるいは、仕事の進め方における権限の付与や従業員の参加と

11　Ehnert & Harry (2012) によると、持続可能な人的資源管理を巡る議論には大きく分けて、企業活動の社会的、環境的な持続可能性の議論とリンクしたマクロレベルのものと、個人や人的資源管理システムの持続可能性の議論とリンクしたメゾ、ミクロレベルのものがある。ここでは持続可能なキャリアを実現する人的資源管理を取り上げるため、後者の議論に該当する。

いった点に向け、人的資源管理論に人間性の観点を取り戻す視点だといえる。

　2つ目の「外部環境へのオープンさ」とは、人的資源管理を外部環境とのつながりで考える視点である。この視点は、ステイクホルダー理論(Stakeholder Theory: Freeman, 1984; Donaldson & Preston, 1995) や制度派組織論 (Institutional Theory: Meyer & Rowan, 1977; DiMaggio & Powell, 1983) といった理論に大きな影響を受けている。

　ステイクホルダー理論とは、企業は、株主以外にも企業が責任を持つべき様々なステイクホルダーに囲まれており、企業の目的や方針は、従業員をはじめとするステイクホルダーとの共同作業で形成されるという考え方である。企業は小さな社会であり、社会に存在する様々な問題やトレンドを反映する。すなわち、社会活動全般における女性の進出や、外国人や高齢者の比率の高まりなど踏まえると、企業の人的資源管理においても、ダイバーシティ、インクルージョン、ワークライフバランス、社員の高齢化への対応などの問題に取り組む必要がある。

　制度派組織論とは、組織が存続可能であるためには、社会に広く浸透している価値や規範といった制度的環境から正統性を確保する必要があり、正統性を確保するための組織構造が選択されるとする考え方である。すなわち、コンティンジェンシー理論が技術、市場といった技術的環境と組織構造の効率的適応に注目するのに対して、同じオープン・システムとしての組織という考え方に立ちつつも、社会全体の価値観や規範などといった文化的要素との適応に注目する理論である。制度派組織論では、組織は社会的に埋め込まれていると考えるため、人的資源管理においても組織が埋め込まれている環境への適応が重要な課題となる (Paauwe & Boselie, 2007)。外部環境へのオープンさとは、人的資源管理を組織内のニーズだけで考えるのではなく、外部のステイクホルダーへの責任や、社会に広く浸透している価値観や規範を踏まえて考えようとする視点だといえる。

　3つ目の「継続性」とは、長期の視点で人的資源管理を考えることを意味する。長期の視点とは2つの要素からなる。

　第1の要素は、組織レベル（品質、効率、利益、イノベーションなど）、社会レベル（ステイクホルダーの満足、社会的包摂など）、従業員レベル（ワー

クライフバランス、エンプロイアビリティ、ワーカビリティなど）といった各
レベルの成果のバランスを取ることである。どれか1つに偏った取り組みは、
持続可能なものとは呼べない。

　第2の要素は、雇用関係において、目先ではなく、未来を見据えた長期的
な利益の交換を考えるということである。例えば、組織が個人の将来を考え
て、キャリア開発に投資する。社員もその期待に応えて長期の能力開発に取り
組むといった交換関係である。組織は今必要な人材の確保だけではなく、将来
の人材需要を見越して、今後必要となる人材確保に目を向ける必要がある。

　こうした未来を見据えたキャリア開発に関するユニークな提案としてHall
& Heras (2010) の「スマート・ジョブ」(smart jobs) がある。この提案は、キャ
リアとは一つひとつ仕事の積み重ねであり、一つひとつの仕事の職務設計が
キャリアの志向性や自己理解に影響を与えることから、職務設計に注目する
ことがキャリア開発にとって重要になるとの考え方にもとづいている。そし
て、その仕事に取り組むことが、アイデンティティやアダプタビリティ (Hall,
2002)、あるいはエンプロイアビリティ (Fugate et al., 2004; Van der Heijde &
Van der Heijden, 2006) の開発につながるような仕事を「スマート・ジョブ」
と呼び、全ての仕事を「スマート・ジョブ」に再設計すべきだと主張している。
キャリア開発において、個人に働きかけるのではなく、職務設計に働きかけよ
うとする点がこの提案のユニークな点である。

　De Prins et al. (2015) は、これまで述べてきた、ひとに対する尊敬、外部環
境へのオープンさ、継続性という持続可能な人的資源管理の3つ視点と、人
的資源管理の主なテーマは表1-3のように整理している。

表1-3　持続可能な人的資源管理の3つの視点と具体的な人的資源管理の関係

ひとに対する尊敬 (respect)	外部環境へのオープンさ (openness)	継続性 (continuity)
・仕事の充実感 ・健康とウェルビーイング ・権限の付与 ・従業員の参加	・ダイバーシティ ・インクルージョン ・ワークライフバランス ・社員の高齢化への対応	・エンプロイアビリティ ・ワーカビリティ ・キャリア開発 ・スマート・ジョブ

（出典）De Prins et al. (2015) をもとに筆者加筆、修正

(2) 持続可能なキャリアマネジメント

De Prins et al. (2015) は、ひとに対する尊敬、外部環境へのオープンさ、継続性の視点を兼ね備えたキャリアマネジメントを「持続可能なキャリアマネジメント」と呼び、その実践にあたっては、組織と個人、短期と長期、自律と支援のバランスを取ることにつながる次の6つの視点が重要だという。

①エンプロイアビリティとワーカビリティ

持続可能なキャリアマネジメントとは、組織と個人の双方に価値を生み出す働き方を探ることを意味する。そのため、組織は成果の追求だけでなく、個人のエンプロイアビリティやワーカビリティについても十分な配慮をする必要がある (Lawrence et al., 2015)。

個人が自分の能力を最適に活かして、継続的に仕事を遂行、創出する力、すなわち、エンプロイアビリティを高められるよう、組織は個人の可能性に注目し、その個人が能力や才能を伸ばせる仕事を与え、能力開発に投資する必要がある。また、個人が将来も心身の健康を含めて良い仕事ができる状態、すなわち、ワーカビリティ (Ilmarinen et al., 2005) を維持できるよう、組織は仕事のプレッシャーを、働くひとの肉体的、心理的、社会的な能力を守るレベルにとどめる必要がある。

②将来を見据えた能動的アプローチ

持続可能なキャリアマネジメントのためには、ベビーブーマーの退職や特定グループの要望への対応といった目の前の課題だけではなく、労働力の構造的な不足、事業戦略や事業環境の変化に伴う新たな人材需要、若い世代の働く意識の変化など、将来の課題についても能動的に取り組む必要がある。こうした長期視点のアプローチの好事例としては、将来の高齢従業員の比率の高まりや不足するスキルを見越し、人間工学的なローテーションや生産プロセスの見直しを取り入れた高齢従業員専用工場を建設した、ドイツのBMWの「明日のための今日 (Today for Tomorrow)」プロジェクトがある (Loch et al., 2010)。

③包摂的アプローチ

戦略的人的資源管理では、キャリアマネジメントをいわゆるコア人材に集中して考えてきた (Lepak & Snell, 2002) が、このアプローチでは、内部労働市場における需要と供給のギャップをかなり大きなものにする可能性がある。これに対し、持続可能なキャリアマネジメントは、いかなる理由があっても、特定セグメントを重視するアプローチは取らず、様々な従業員に対して、適切な対応を考える包摂的なアプローチを取る。

例えば、ジョンソン＆ジョンソンのベルギー支社は、持続可能なキャリアを促進することで優秀な社員を引きつけるために、2013年に「ワーカビリティ・ハウス」(House of Workability) プロジェクトをスタートしている。このプロジェクトでは、従業員の一人ひとりが、健康、能力、価値観、仕事の4つの階からなるワーカビリティ・ハウスを持っているという前提で、まず、従業員に当事者として自分のワーカビリティ・ハウスをどうするかを考えさせる。このプロジェクトのユニークな点は、全従業員を対象にすること、そして、自らのキャリアだけでなく、仕事環境をどうするかまで考えさせることにある (De Vos et al., 2016)。

④テイラーメイドで個人別のアプローチ

キャリアは本質的には主観的で、個別性のあるものである (Arthur et al., 2005) ため、持続可能なキャリアマネジメントでは個別性を重視する。前項③で述べた包摂的アプローチとは、一律、平等といったアプローチではなく、多様な才能や欲求を持ち、ライフステージや置かれた文脈によって変化する個人を取り込むダイナミックなアプローチである。こうしたアプローチには、組織と個人の対話が不可欠であり、それぞれの社員が自らのキャリアについてオープンに話できる雰囲気や文化が重要になる。

こうしたアプローチの1つとして、いわゆるI-deals (Rousseau et al., 2006) がある。I-dealsとは、個人の能力やニーズに合わせて、組織と個人の間で結ばれる非標準的な同意を意味し、この考え方を応用した実践事例として、ベルギーのKBC銀行が立ち上げたミネルバプラン (Minerva Plan) がある。ミネ

ルバプランとは、55歳以上の社員が、上司との話し合いのもとに、5種類の
働き方（これまでと同じ、少ない日数、軽い仕事、少ない日数かつ軽い仕事、
KBC銀行の外で働く）から1つを選べるようにする仕組みである。KBC銀行
では、このプランの導入により定年前の従業員の気持ちが失望や感謝の少ない
状態から、よりポジティブなものにシフトするという成果が上がっている (De
Vos et al., 2016)。

⑤従業員の積極参加の視点

　持続可能なキャリアマネジメントでは、プロティアン・キャリア (Hall,
2002) やバウンダリレス・キャリア (Arthur, 1994) と同様に、キャリアの管理
責任者は組織ではなく個人であり、キャリアは組織内に限定されないという前
提に立つ。したがって、従業員にキャリアに関する自己理解と自己決定性を高
めるよう促し、従業員に自分の将来を自社内に限定せずに、じっくり考えさせ
る。その上で、組織はその実現を支援するという立場に立つ。

⑥キャリア支援の視点

　前項⑤に関連して、持続可能なキャリアを実現するために、組織は、従業員
にキャリア・コンピテンシーを身につけさせる必要がある。キャリア・コンピ
テンシーとは、個人が自律的なキャリアを歩むために用いることができる個人
資源であり、キャリアに関する自己理解と自己決定性を意味する。キャリア・
コンピテンシーは最初から備わっている訳ではないので、組織がその発達を支
援する必要がある。

　これまで見てきたように、持続可能な人的資源管理、キャリアマネジメント
の主張は、全く新しいものではないが、ひとに対する尊敬、外部環境に対する
オープンさ、継続性の視点に立って、組織と個人、短期と長期、自律と支援の
バランスを追求した点にその意義がある。持続可能なキャリアの実現は、個人
にとっても組織にとっても容易なものではない。個人と組織がオープンな雰囲
気のもとで、個人のキャリア発達と組織からの期待をどう両立させるのかにつ

いて、真摯なコミュニケーションをとることによって実現されるものだといえる (Van der Heijden & De Vos, 2015)。

8.　今後の研究の方向性

　Van der Heijden & De Vos. (2015) は、持続可能なキャリアというパラダイムにおける研究の方向性を考えるにあたり、次の5点を踏まえておく必要があるという。

- ・持続可能なキャリアは、その成果である健康、幸福、生産性が相互に関係し、一体となって実現されるものであるため、これらを切り離して研究すべきではない
- ・持続可能なキャリアにおいては、個人、文脈、時間という3つの次元の相互関係を含めた統合的な視点が重要である
- ・雇用形態の多様化という現状を踏まえると、組織に雇用される雇用者だけでなく、一時雇用や、自営、フリーランス、プロフェッショナルなど様々な形態の労働者のキャリアを視野に入れる
- ・長期にわたる個人内部の変化(例えば、加齢に伴う変化、個人における文脈の変化、職業生活全体を通じた組織、職種、社会といった文脈の変化)と個人間の相違(例えば、職種が異なるケース)に注目した実証研究
- ・方法論的な観点では、長期のプロセスを捉えるために厳格な方法論にもとづく縦断研究

こうした指摘を念頭においた上で、今後の持続可能なキャリア研究において、重要と考えられるテーマとしては次の5つが挙げられる。

(1)　キャリア・アダプタビリティ

　すでに述べたとおり、持続可能なキャリアは、個人が持つべきキャリア資源に注目する (De Vos, et al., 2020)。これまでにもキャリア資源の重要性を指摘する議論はあった(例えば、DeFillippi & Arthur, 1994; Hall, 2002)が、キャリ

ア資源の具体的内容や資源の獲得、維持、再生のプロセスには十分注意が払われてこなかった。しかし、キャリアの不確実性が高まる中で、変化する文脈に適応し、その中から自分にとっての意味を引き出すために必要なキャリア資源への関心が高まっている。

　Hirschi (2012) は、個人の主体的なキャリアマネジメントに必要となるキャリア資源は大きく4つに分類できるという。すなわち、人的資本 (human capital)、社会関係資本 (social capital)、心理的資源 (psychological resource)、キャリア・アイデンティティ資源 (career identity resource) である。人的資本には広い意味での仕事関連の知識、スキル、能力が、社会関係資本には、知識の獲得や成長促進につながる人的ネットワークが、心理的資源には、個性や個人の状態として表われる肯定的な認知、モチベーション、感情などが、キャリア・アイデンティティ資源には、働く自己イメージ、職業的な興味、関心、価値観、意味体系などが含まれる。

　こうした中で、とりわけ今後の研究テーマとして注目すべきと考えられるのが、キャリア・アダプタビリティ (Savickas, 1997, 2005) という心理的資源である。その理由は、キャリア・アダプタビリティが、まさしく時を超えて変化する文脈に適応し、その中から自分にとっての意味を引き出すために欠くべからざる資源だからである。Savickas (2005, p.51) は、キャリア・アダプタビリティを「現在および差し迫った職業上の発達課題、仕事上の移行期、個人的なトラウマに対処するためのレディネスおよび資源」と定義し、関心 (concern)、コントロール (control)、好奇心 (curiosity)、自信 (confidence) の4つの下位次元で構成されるとした。Hirschi (2012) は、関心、好奇心、自信が心理的資源に該当し、コントロールがキャリア・アイデンティティ資源に相当するという。

　キャリア・アダプタビリティ研究は、国際的な尺度が開発された (Savickas & Porfeli, 2012) ことから、近年、定量研究を中心に急速に研究蓄積が進みつつあり、Rudolph, et al. (2017) のメタ分析によると、様々なキャリア適応行動（例えば、キャリア計画）やキャリア適応結果（例えば、エンゲージメントやエンプロイアビリティ）など、ポジティブな成果変数に正の影響を与えること

が明らかになってきている。

しかし、これまでの研究では、次のようなメカニズムがまだよくわかっていない。

・どのような教育や経験がキャリア・アダプタビリティの発達を促すのか
・どのような文脈要因（例えば、職務特性、上司との関係、組織のキャリアマネジメント、雇用の安定度、家庭、趣味など）がキャリア・アダプタビリティの発揮にどのような影響を与えるのか
・具体的なキャリアの転機において、キャリア・アダプタビリティの各次元がどのような役割を果たして、適応行動、適応結果をもたらすのか

こうしたテーマについて、今後さらに研究が深められるべきと考えられる。

(2) キャリアショック

キャリアショック (career shock) とは、「少なくともある程度は、当人のコントロールが及ばない要因により引き起こされ、自らのキャリアについて慎重に考えなおすきっかけとなる、大きな動揺を与える特別な出来事」と定義される (Akkermans et al., 2018, p.4)。

長いキャリアを歩む中で、大半のひとが何らかのキャリアショックを経験し、それに対してどう向き合うかでキャリアが大きく左右される (Blokker et al., 2019; Bright et al., 2005; Hirschi, 2010; Seibert et al., 2013)。こうした出来事はこれまで、偶然 (chance: Roe & Baruch, 1967)、偶発事象 (chance event: Bright et al., 2005)、セレンディピティ (serendipity: Betsworth & Hansen, 1996)、偶発性 (happenstance: Miller, 1983)、そして近年ではキャリアショック (Akkermans et al., 2018) と呼ばれている。

キャリアショックには、ネガティブなものとしては、予期せぬ失業や肉親の死のようなものがあり、ポジティブなものとしては、予期せぬ昇進や受賞のようなものがある。これまでにキャリア・カオス理論 (Chaos Theory of Careers: Bright & Pryor, 2005) や偶発性学習理論 (Happenstance Learning Theory: Krumboltz, 2009) がこうしたキャリアにおける偶発的な出来事の重要性に注目してきたが、キャリアショックに関する研究はいまだ乏しい。近年のキャリ

ア研究の多くは、自らが主体的に選び取るキャリアを主たる研究対象としてきたため[12]、暗黙のうちにキャリアショックのような偶発的な出来事の影響を見過ごしてきたと考えられる。

Akkermans et al.(2018) は、キャリア研究において、キャリアショックに注目すべき理由として、次の2点を挙げる。

第1に、現代においては、働き方がますます多様になり、また、キャリアの先の見通しが立ちにくくなっているということである。一時雇用、単発での仕事の請負など、多様な働き方をするひとが増えているが、こうした働き方は雇用の保障が少なく、また、見通しも立ちづらいため、予期せぬショックに遭遇しやすい。

第2に、多くの研究者により、現代のキャリアを理解するには、文脈要因をもっと考慮すべきだという主張がなされていることである (Gunz et al., 2011; Inkson et al., 2012; King et al, 2005)。キャリアの全てが個人の意思で形成されるというのは非現実的であり、実際には大半のひとが何らかのキャリアショックを経験し (Bright, et al., 2005)、キャリアパスに何らかの影響がある。

キャリアショックのユニークな点は、例えば、予期せざる失業がより良い仕事を見つけるきっかけになったり (Zikic & Richardson, 2007)、企業を追われることになったことを契機に起業家としての人生が開けたり (Rummel et al., 2019)と、時間の経過により、ネガティブなショックがポジティブなキャリアにつながる可能性を指摘する点である。キャリアショックには、プロスポーツ選手の突然の引退のように、あるイベントを機に、蓄積してきたキャリア資源が全く使えなくなってしまう、といったケースもある (Richardson & McKenna, 2020)。こうしたキャリアショックをどう乗り越えるのか、そうし

12　Akkermans & Kubasch (2017) は、2012年から2016年におけるキャリア研究を代表する4つの学術雑誌において、キャリアの意思決定、キャリアの流動性、キャリア資本、エンプロイアビリティ、能動的なキャリア行動というテーマが多く取り上げられているという。こうしたテーマが共通に持つ前提は、キャリアは個人のものであり、キャリア発達やキャリア成功のためには方向を見定め、うまく管理していく必要があるという考え方である。

た状況に備えてどのような準備ができるのかといったこともキャリアショック研究の重要なテーマである。

(3) キャリアにおける未来自己の自己概念

かつてのキャリア研究では、職業上の自己概念は、様々な経験を通じて形成されるものであり、その自己概念を実現するプロセスがキャリア発達だと捉えられてきた (Super, 1963)。そのため、振り返りや意味づけなど、現在から過去に向けた回顧的な面に主たる関心が向けられてきた。しかし、将来の不確実性が高まり、それまで経験したこともない新しい環境への適応が求められる時代においては、個人がまだ見ぬ未来に立ち向かう態度や行動を捉える未来志向の視点が必要ではないかと指摘されるようになった。

こうした中、心理学において研究蓄積のある可能自己 (possible selves: Markus & Nurius, 1986) という概念をキャリア研究に応用し発展させた、暫定自己 (provisional selves: Ibarra, 1999, 2003, 2005) や仕事における未来自己 (future work selves: Strauss et al., 2012) といった未来の自己概念に関わる研究が少しずつ行われるようになった。

暫定自己とは、新たな仕事役割への適応に向け、新たなアイデンティティを試しながら獲得するプロセスを説明しようとする概念である。また、仕事における未来自己とは、将来に向けた能動的なキャリア形成行動のモチベーションにつながる自己像を説明する概念である。これまでの研究は、主に、ある程度予測できる転機において未来自己が果たす役割を取り上げてきたが、今後はいわゆるデジタル・トランスフォーメーションに伴う業務改革、グローバル化やM&Aに伴うリストラなど、働く環境が激変する場面で果たす機能についても目が向けられるべきである。大きな環境変化や挫折に見舞われた場合、個人は自らのキャリア・アイデンティティをどう再構築し、再び未来に立ち向かうのか、こうした場面において未来自己はどのような機能を果たすのかは、今後の持続可能なキャリア研究において重要なテーマになると考えられる。

(4) 個人と組織のパートナーシップ

　すでに述べたように、これまでのキャリア研究では、組織が管理するキャリアか、個人が管理するキャリアかという二元論で議論が展開してきたため、個人と組織のパートナーシップなど、両者がオーバーラップする領域には十分注意が向けられなかった。De Prins et al. (2015) は、持続可能なキャリアという概念は2つの点で、これまでの人的資源管理論の議論に見直しを迫るという。

　1点目は、組織か個人かのいずれかに偏っていた見方を修正するという点である。持続可能なキャリアは、組織と個人が自主的に協力しうる共通の土台や両者の対立に目を向ける。

　2点目は、これまでは適合や調整といった静的な均衡に向けられていた関心を組織と個人の間の緊張関係をどうすれば前向きなものにできるかといった、ダイナミックな均衡に向けるという点である。

　持続可能なキャリアのユニークな点は、個人のニーズと組織の戦略的目標とのすり合わせを図ろうとする点にある。Cantrell & Smith (2010) は「一人ひとりの戦力化」(workforce of one) というアプローチを提唱し、セグメンテーション、モジュール化された選択肢、広汎でシンプルなルール、従業員定義の個別化の4つの戦略にもとづき、人材管理を個別化することで、持続可能なキャリアと組織成果の同時達成が可能になるという。こうした人的資源管理の個別化の手法と効果は、今後、重要な研究テーマとなるであろう。

　組織としての人的資源管理施策だけでなく、個人に対する特別扱いが持続可能なキャリアの実現を助けることがある。こうしたケースを考える際に重要になってくる概念がI-deals (Rousseau et al., 2006) である。I-dealsとは、理想の (ideal) と個別の (idiosyncratic) が一体となった言葉であり、「双方の利益になるような諸項目に関して、個人従業員が雇用者との間で交渉した、非標準的な性質を持つ、自発的な合意」(p.978) を意味する。I-dealsは、個人の認知の変化に注目するジョブ・クラフティング (job crafting: Wrzesniewski & Dutton, 2001) とは異なり、客観的な労働条件の変化に注目する。特別扱いの内容には、スケジュールの柔軟性、育成機会、仕事負荷の軽減、タスクなどが含まれる (Hornung et al., 2010)。これまでの研究により、I-dealsは組織市民行動

(Anand et al., 2010)、従業員の発言行動 (Ng & Feldman, 2015)、心理的契約の充足 (Lee & Hui, 2011) に対して正の効果があることがわかっている。今後は、I-dealsをどのように獲得するかといった交渉プロセスや、様々な組織成果への影響について理解を深める必要があろう。

(5) ワーカビリティ

　持続可能なキャリアとは、その成果である健康、幸福、生産性の3つが揃い、その調和が取れている状態を意味するため、これらを総合的に把握する必要がある (Van der Heijden & De Vos., 2015)。そうした意味において、注目すべき概念がワーカビリティである。ワーカビリティとは、フィンランド職業健康協会が、高齢者にもっと長期間仕事で活躍してもらうにはどうすればよいかという問題意識のもと、データを蓄積し、生み出した概念である。この概念の開発に中心的な役割を果したIlmarinen (2001) は、高齢者の就労率を高めるには、エンプロイアビリティを高めるだけでは不十分であり、ワーカビリティを高める必要があると主張する。エンプロイアビリティがキャリアの持続可能性を仕事の需要サイドから見るのに対して、ワーカビリティは供給サイド、すなわち個人の側から見る視点だといえる。ワーカビリティは、「現在および近い将来、仕事要求、健康、心理的資源の点から見て、ひとがどの程度よい状態にあるか、どの程度仕事ができる状態にあるか」(Ilmarinen et al., 2005, p.3)と定義される。ワーカビリティは、その評価に、肉体的、精神的、社会的な健康を含める点、また、仕事要求や仕事環境の面、仕事以外の家庭といった面を考慮に入れる点に特徴があり、個人、文脈、時間という次元を幅広く捉える持続可能なキャリアを捉えるのに適した概念だといえる。

　Ilmarinen (2019) は、ワーカビリティの概念をワーカビリティ・ハウスという4階建てのモデル図で示す。図1-2に示すとおり、1階から3階までは個人資源とされ、1階が「健康と機能的能力」、2階が「仕事能力、経験、学習」、3階が「価値観、態度、意欲」を示す。そして、4階が仕事の領域とされ、「仕事、仕事環境、職場コミュニティ、経営」などを示す。そして、1〜3階と4階の間に相互関係を示す円環状の矢印が描かれ、4つの階が、ワーカビリティ

という大きな屋根を支えている。また、家の外側には、家庭、社会的ネットワークが描かれ、こうした個人の外部環境もワーカビリティに影響を与えることが示されている。

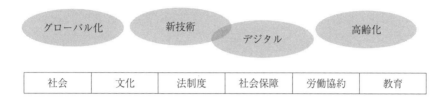

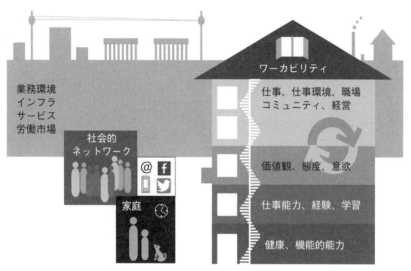

図1-2　ワーカビリティ・ハウスモデル
（出典）Ilmarinen（2019, p.3）

　なお、ワーカビリティの測定尺度については、現在、ワーカビリティ・インデックス（Work Ability Index: Ilmarinen, 2007）という、産業医が7つの質問領域についてインタビューし、自己評価の結果を得点化する方法が代表的であるが、より広い対象に活用しうる信頼性、妥当性の検証された測定尺度の開発が今後の課題である。

9. まとめ

　この数十年におけるキャリア研究は、人生100年時代の到来、労働力人口の高齢化、グローバル化の加速、情報技術の飛躍的発達などにより、個人、文脈、時間というキャリアの3つの次元に起こった大きな変化を十分捉えきれていなかった。

　持続可能なキャリアとは、こうした時代の変化を踏まえて提唱された、キャリア研究における新たなパラダイムである。キャリア研究に持続可能という概念を持ち込むことで、これまでやや対立的な関係にあった組織内キャリア論とニューキャリア論を統合した。キャリアを支える個人資源、あるいは、組織、家庭、偶発事象といった幅広い文脈の影響、さらには、時間経過に伴うキャリアの意味づけの変化といった、これまで十分に注目されなかったテーマに多くの目を向けた点に大きな意義がある。

　金井 (2010) は、経営学における多種多様な学説の注目点や内容面での特徴が、当の学説の提唱者自身のバックグラウンド－長期的な働き方や生き方、その中での経験－から、ある程度説明されることがあり、キャリアの学説については、その学説を構築するひとの人生観、キャリア観の影響を受ける程度が、他の分野以上に強いだろうという。

　持続可能なキャリアの特徴ともいえる、キャリアの意味づけ、家庭を含めた幅広い文脈、雇用されない時期も含めたキャリアのつながり、高齢者のいきいきとした働き方への関心といった全人的でかつ包摂的なキャリアの捉え方は、この学説がこれまでのキャリア研究の大半をリードしてきた米国からではなく、欧州の2人の女性研究者を中心とする研究グループから出てきたことと無関係ではないであろう。

　持続可能なキャリア研究は始まったばかりであるが、本書をきっかけに、例えば、キャリア・アダプタビリティ、キャリアショック、仕事における未来自己、個人と組織のパートナーシップ、ワーカビリティなど、キャリアが本来持

つダイナミックな側面に迫るテーマに研究者の関心が集まり、キャリア研究が
大きく発展することを期待している。

引用文献

Akkermans, J., Brenninkmeijer, V., Huibers, M., & Blonk, R. W. (2013). Competencies for the contemporary career: Development and preliminary validation of the career competencies questionnaire. *Journal of Career Development*, *40*(3), 245-267.

Akkermans, J., & Kubasch, S. (2017). # Trending topics in careers: A review and future research agenda. *Career Development International*.

Akkermans, J., Seibert, S. E., & Mol, S. T. (2018). Tales of the unexpected: Integrating career shocks in the contemporary careers literature. *SA Journal of Industrial Psychology*, *44*(1), 1-10.

Alavinia, S. M., Molenaar, D., & Burdorf, A. (2009). Productivity loss in the workforce: Associations with health, work demands, and individual characteristics. *American Journal of Industrial Medicine*, *52*(1), 49-56.

Anand, S., Vidyarthi, P. R., Liden, R. C., & Rousseau, D. M. (2010). Good citizens in poor-quality relationships: Idiosyncratic deals as a substitute for relationship quality. *Academy of Management Journal*, *53*(5), 970-988.

Anseel, F. (2017). Agile learning strategies for sustainable careers: A review and integrated model of feedback-seeking behavior and reflection. *Current opinion in environmental sustainability*, *28*, 51-57.

Arthur, M. B. (1994). The boundaryless career: A new perspective for organizational inquiry. *Journal of Organizational Behavior*, *15*(4), 295-306.

Arthur, M. B. (2014). The boundaryless career at 20: Where do we stand, and where can we go? *Career Development International*, *19*(6), 627-640.

Arthur, M.B, Hall, D.T. & Lawrence, B.S. (1989). Generating new directions in career theory: The case for a transdisciplinary approach. In M.B. Arthur, D.T. Hall & B.S. Lawrence (eds.), *Handbook of Career Theory* (pp.7-25). Cambridge, UK: Cambridge University Press.

Arthur, M.B, Inkson, K, & Pringle, J.K. (eds.) (1999). *The new careers: Individual action & economic change*. London: Sage Publications.

Arthur, M. B., Khapova, S. N., & Wilderom, C. P. (2005). Career success in a boundaryless career world. *Journal of Organizational Behavior: The International Journal of Industrial, Occupational and Organizational Psychology and Behavior*, *26*(2), 177-202.

Baltes, P. B., & Baltes, M. M. (eds.) (1990). *Successful aging: Perspectives from the behavioral sciences*. Cambridge, UK: Cambridge University Press.

Baltes, P. B., Staudinger, U. M., & Lindenberger, U. (1999). Lifespan psychology: Theory and application to intellectual functioning. *Annual Review of Psychology*, *50*(1), 471-507.

Barney, J. (1991). Firm resources and sustained competitive advantage. *Journal of Management*, *17*(1), 99-120.

Betsworth, D. G., & Hansen, J. I. C. (1996). The categorization of serendipitous career development events. *Journal of Career Assessment*, *4*(1), 91-98.

Blokker, R., Akkermans, J., Tims, M., Jansen, P., & Khapova, S. (2019). Building a sustainable start: The role of career competencies, career success, and career shocks in young professionals' employability. *Journal of Vocational Behavior*, *112*, 172-184.

Bolton, S. C., & Houlihan, M. (2007). Beginning the search for the H in HRM. In S. C. Bolton & M. Houlihan (eds.) *Searching for the human in human resource management: Theory, practice and workplace contexts* (pp.3-17). London: Macmillan International Higher Education.

Bright, J. E., & Pryor, R. G. (2005). The chaos theory of careers: A user's guide. *The Career Development Quarterly*, *53*(4), 291-305.

Bright, J. E., Pryor, R. G., & Harpham, L. (2005). The role of chance events in career decision making. *Journal of Vocational Behavior*, *66*(3), 561-576.

Burrell, G., & Morgan, G. (1979). *Sociological paradigms and organisational analysis*. London: Routledge.（鎌田伸一・金井一賴・野中郁次郎訳『組織理論のパラダイム－機能主義の分析枠組み－』千倉書房, 1986 年）

Cantrell, S., & Smith, D. (2010) *Workforce of one: Revolutionizing talent management through customization*. Boston, MA: Harvard Business Press.

Carstensen, L. L. (1995). Evidence for a life-span theory of socioemotional selectivity. *Current Directions in Psychological Science*, *4*(5), 151-156.

Carstensen, L. L. (2006). The influence of a sense of time on human development. *Science*, *312*(5782), 1913-1915.

Deci, E. L. (1975). *Intrinsic Motivation*. New York: Plenum Press.

DeFillippi, R. J., & Arthur, M. B. (1994). The boundaryless career: A competency-based perspective. *Journal of Organizational Behavior*, *15*(4), 307-324.

De Lange, A. H., Kooij, D. T. A. M., & Van der Heijden, B. I. J. M. (2015). Human resource management and sustainability at work across the lifespan: An integrative perspective. In L. Finkelstein, D.M. Truxillo, F. Fraccaroli & R. Kanfer (eds.), *Facing the challenges of a multi-age workforce: A use-inspired approach* (pp.50-79). New York: Routledge.

De Prins, P., De Vos, A., Van Beirendonck, L., & Segers, J. (2015). Sustainable HRM for sustainable careers: Introducing the 'Respect Openness Continuity (ROC)' model. In A. De

Vos & B. I. J. M. Van der Heijden (eds.), *Handbook of research on sustainable careers* (pp.319-334). Cheltenham, UK: Edward Elgar Publishing.

De Vos, A., Dujardin, J.M., Gielens, T., & Meyers, C. (2016). *Developing sustainable careers across the life span*. Springer International Publishing.

De Vos, A., & Van der Heijden, B. I. J. M. (eds.) (2015). *Handbook of research on sustainable careers*. Cheltenham, UK: Edward Elgar Publishing.

De Vos, A., Van der Heijden, B. I. J. M., & Akkermans, J. (2020). Sustainable careers: Towards a conceptual model. *Journal of Vocational Behavior, 117*, 1-13.

DiMaggio, P. J., & Powell, W. W. (1983). The iron cage revisited: Institutional isomorphism and collective rationality in organizational fields. *American Sociological Review*, 147-160.

Donaldson, T., & Preston, L. E. (1995). The stakeholder theory of the corporation: Concepts, evidence, and implications. *Academy of Management Review*, *20*(1), 65-91.

Ehnert, I. (2009). *Sustainable human resource management*. Physica-Verlag.

Ehnert, I., & Harry, W. (2012). Recent developments and future prospects on sustainable human resource management: Introduction to the special issue. *Management Revue*, *23*(3), 221-238.

Elkington, J. (1999). Triple bottom-line reporting: Looking for balance. *AUSTRALIAN CPA*, *69*, 18-21.

Freeman, R. E. (1984). *Strategic management: A stakeholder approach*. Boston: Pitman.

Fugate, M., Kinicki, A. J., & Ashforth, B. E. (2004). Employability: A psycho-social construct, its dimensions, and applications. *Journal of Vocational Behavior*, *65* (1), 14-38.

Gratton, L., & Scott, A. J. (2016). *The 100-year life: Living and working in an age of longevity*. London:UK, Bloomsbury Publishing. (池村千秋訳『LIFE SHIFT 100 年時代の人生戦略』東洋経済新報社, 2016 年)

Greenhaus, J. H., & Kossek, E. E. (2014). The contemporary career: A work-home perspective. *Annual. Review of Organizational Psychology and Organizational Behavior*, *1*(1), 361-388.

Gunz, H., Mayrhofer, W., & Tolbert, P. (2011). Career as a social and political phenomenon in the globalized economy. *Organization Studies*, *32*(12), 1613-1620.

Hall, D. T. (2002). *Careers in and out of organizations*. Thousand Oaks, CA: Sage.

Hall, D. T., & Heras, M. L. (2010). Reintegrating job design and career theory: Creating not just good jobs but "smart" jobs. *Journal of Organizational Behavior*, *31*(2/3), 448-462.

Hirschi, A. (2010). The role of chance events in the school-to-work transition: The influence of demographic, personality and career development variables. *Journal of Vocational Behavior*, *77*(1), 39-49.

Hirschi, A. (2012). The career resources model: An integrative framework for career counsellors. *British Journal of Guidance & Counselling, 40*(4), 369-383.

Hobfoll, S. E. (1989). Conservation of resources: A new attempt at conceptualizing stress. *American Psychologist, 44*(3), 513-524.

Hobfoll, S. E. (2002). Social and psychological resources and adaptation. *Review of General Psychology, 6*(4), 307-324.

Hornung, S., Rousseau, D. M., Glaser, J., Angerer, P., & Weigl, M. (2010). Beyond top-down and bottom-up work redesign: Customizing job content through idiosyncratic deals. *Journal of Organizational Behavior, 31*(2-3), 187-215.

Hu, J., & Hirsh, J. (2017). The benefits of meaningful work: A meta-analysis. In *Academy of Management Proceedings* (Vol. 2017, No. 1, p. 13866). Briarcliff Manor, NY 10510: Academy of Management.

Ibarra, H. (1999). Provisional selves: Experimenting with image and identity in professional adaptation. *Administrative Science Quarterly, 44*(4), 764-791.

Ibarra, H. (2003). *Working identity: Unconventional strategies for reinventing your career.* Harvard Business Press.

Ibarra, H. (2005). *Identity transitions: Possible selves, liminality and the dynamics of career change* (Vol. 51). Fontainebleu Cedex, France: INSEAD.

Ilmarinen, J. (2001). Aging workers. *Occupational and Environmental Medicine, 58*(8), 546-546.

Ilmarinen, J. (2007). The work ability index (WAI). *Occupational Medicine, 57*(2), 160-160.

Ilmarinen, J. (2019). From work ability research to implementation. *International Journal of Environmental Research and Public Health, 16*(16), 2882.

Ilmarinen, J., Tuomi, K., & Seitsamo, J. (2005). New dimensions of work ability. In *International Congress Series, 1280*, 3-7, Elsevier.

Inkson, K. (2004). Images of career: Nine key metaphors. *Journal of Vocational Behavior, 65*(1), 96-111.

Inkson, K., Gunz, H., Ganesh, S., & Roper, J. (2012). Boundaryless careers: Bringing back boundaries. *Organization Studies, 33*(3), 323-340.

Jones, C & Dunn, M.B. (2007). Careers and institutions: The centrality of careers to organizational studies. In H. Gunz & M. Peiperl (eds.), *Handbook of Career Studies* (pp.437-50). Los Angeles, CA: Sage.

金井壽宏 (2010).「キャリアの学説と学説のキャリア」『日本労働研究雑誌』*52*(10), 4-15.

Khamisa, N., Peltzer, K., Ilic, D., & Oldenburg, B. (2016). Work related stress, burnout, job satisfaction and general health of nurses: A follow-up study. *International Journal of*

Nursing Practice, *22*(6), 538-545.

King, Z., Burke, S., & Pemberton, J. (2005). The 'bounded' career: An empirical study of human capital, career mobility and employment outcomes in a mediated labour market. *Human Relations*, *58*(8), 981-1007.

Kooij, D. T., Jansen, P. G., Dikkers, J. S., & De Lange, A. H. (2014). Managing aging workers: A mixed methods study on bundles of HR practices for aging workers. *The International Journal of Human Resource Management*, *25*(15), 2192-2212.

Kossek, E. E., Valcour, M., & Lirio, P. (2014). The sustainable workforce: Organizational strategies for promoting work-life balance and wellbeing. In P. Chen & C.L. Cooper (eds.), *Work and Wellbeing* (pp.295-318). Oxford & New York: Wiley-Blackwell.

Krumboltz, J. D. (2009). The happenstance learning theory. *Journal of Career Assessment*, *17*(2), 135-154.

Kuhn, T.S. (1962). *The structure of scientific revolution*. Chicago & London: University of Chicago Press. (中山茂訳『科学革命の構造』みすず書房, 1971 年)

Lawrence, B. S., Hall, D. T., & Arthur, M. B. (2015). Sustainable careers then and now. In A. De Vos & B. I. J. M. Van der Heijden (eds.) *Handbook of research on sustainable careers* (pp.432-449). Cheltenham, UK: Edward Elgar Publishing.

Lee, C., & Hui, C. (2011). Antecedents and consequences of idiosyncratic deals: A frame of resource exchange. *Frontiers of Business Research in China*, *5*(3), pp.380-401.

Lengnick-Hall, M. L., Lengnick-Hall, C. A., Andrade, L. S., & Drake, B. (2009). Strategic human resource management: The evolution of the field. *Human Resource Management Review*, *19*(2), 64-85.

Lepak, D. P., & Snell, S. A. (2002). Examining the human resource architecture: The relationships among human capital, employment, and human resource configurations. *Journal of Management*, *28*(4), 517-543.

Loch, C., Sting, F., Bauer, N., & Mauermann, H. (2010). How BMW is defusing the demographic time bomb. *Harvard Business Review*, *88*(3), 99-102.

Markus, H., & Nurius, P. (1986). Possible selves. *American Psychologist, 41*(9), 954-969.

Meyer, J. W., & Rowan, B. (1977). Institutionalized organizations: Formal structure as myth and ceremony. *American Journal of Sociology*, *83*(2), 340-363.

Miller, M. J. (1983). The role of happenstance in career choice. *Vocational Guidance Quarterly*, *32*(1), 16-20.

Mishra, P., & McDonald, K. (2017). Career resilience: An integrated review of the empirical literature. *Human Resource Development Review*, *16*(3), 207-234.

Nagy, N., Froidevaux, A., & Hirschi, A. (2019). Lifespan perspectives on careers and career development. In B. Baltes, C.W. Rudolph & H. Zacher (eds.) *Work across the lifespan* (pp. 235-259). Academic Press.

Newman, K. L. (2011). Sustainable careers. *Organizational Dynamics, 40*(2), 136-143.

Ng, T. W., & Feldman, D. C. (2015). Idiosyncratic deals and voice behavior. *Journal of Management, 41*(3), 893-928.

Paauwe, J., & Boselie, P. (2007). HRM and societal embeddedness. In P. Boxall, J. Purcell & P.M. Wright (eds.), *The Oxford handbook of human resource management.* (pp.166-184). Oxford, UK: Oxford University Press.

Parasuraman, S., Greenhaus, J. H., & Linnehan, F. (2000). Time, person-career fit, and the boundaryless career. *Trends in Organizational Behavior, 7,* 63-78.

Pfeffer, J. (2010). Building sustainable organizations: The human factor. *Academy of Management Perspectives, 24*(1), 34-45.

Popper, K.R. (1959). *The logic of scientific discovery.* Basic Books.

Richardson, J., & McKenna, S. (2020). An exploration of career sustainability in and after professional sport. *Journal of Vocational Behavior, 117,* 103314.

Roe, A., & Baruch, R. (1967). Occupational changes in the adult years. *Personnel Administration, 30*(4), 26-30.

Rousseau, D. M., Ho, V. T., & Greenberg, J. (2006). I-deals: Idiosyncratic terms in employment relationships. *Academy of Management Review, 31*(4), 977-994.

Rudolph, C. W., Lavigne, K. N., Katz, I. M., & Zacher, H. (2017). Linking dimensions of career adaptability to adaptation results: A meta-analysis. *Journal of Vocational Behavior, 102,* 151-173.

Rummel, S., Akkermans, J., Blokker, R., & Van Gelderen, M. (2019). Shocks and entrepreneurship: A study of career shocks among newly graduated entrepreneurs. *Career Development International.*

Ryan, R. M., & Deci, E. L. (2000). Self-determination theory and the facilitation of intrinsic motivation, social development, and well-being. *American Psychologist, 55*(1), 68-78.

Ryff, C. D. (1989). Happiness is everything, or is it? Explorations on the meaning of psychological well-being. *Journal of Personality and Social Psychology, 57*(6), 1069-1081.

Savickas, M. L. (1997). Career adaptability: An integrative construct for life-span, life-space theory. *The Career Development Quarterly, 45*(3), 247-259.

Savickas, M. L. (2005). The theory and practice of career construction. In S.D. Brown & R.W. Lent (eds.), *Career development and counseling: Putting theory and research to work* (pp.42-70). Hoboken, NJ: John Wiley & Sons.

Savickas, M. L., & Porfeli, E. J. (2012). Career adapt-abilities scale: Construction, reliability, and measurement equivalence across 13 countries. *Journal of Vocational Behavior, 80*(3), 661-673.

Schein, E. H. (1978). *Career dynamics: Matching individual and organizational needs.* Boston, MA: Addison Wesley Publishing Company. (二村敏子・三善勝代訳『キャリア・ダイナミクス－キャリアとは、生涯を通しての人間の生き方・表現である』白桃書房, 1991年)

Schein, E. H. (1990). *Career anchors: Discovering your real values.* San Diego, CA: University Associates. (金井壽宏訳『キャリア・アンカー－自分のほんとうの価値を発見しよう』白桃書房, 2003年)

Seibert, S. E., Kraimer, M. L., Holtom, B. C., & Pierotti, A. J. (2013). Even the best laid plans sometimes go askew: Career self-management processes, career shocks, and the decision to pursue graduate education. *Journal of Applied Psychology, 98*(1), 169-182.

Semeijn, J., Van Ruysseveldt, J., Vonk, G., & Van Vuuren, T. (2019). In flight again with wings that were once broken; Effects of post-traumatic growth and personal resources on burnout recovery. *International Journal of Workplace Health Management, 12*(5), 387-403.

Strauss, K., Griffin, M. A., & Parker, S. K. (2012). Future work selves: how salient hoped-for identities motivate proactive career behaviors. *Journal of Applied Psychology, 97*(3), 580-589.

Super, D. E. (1963). Self-concepts in vocational development. In D. E. Super, R. Starishevsky, N. Martin, & J.P. Jordaan (eds.), *Career development: Self-concept theory* (pp.17-32). New York; College Entrance Examination Board.

Valcour, M. (2015). Facilitating the crafting of sustainable careers in organization. In A. De Vos & B. I. J. M. Van der Heijden (eds.), *Handbook of research on sustainable careers* (pp.319-334). Cheltenham, UK: Edward Elgar Publishing.

Van der Heijde, C. M., & Van der Heijden, B. I. J. M. (2006). A Competence-based and multidimensional operationalization and measurement of employability. *Human Resource Management, 45*(3), 449-476.

Van der Heijden, B. I. J. M., & De Vos, A. (2015). Sustainable careers: Introductory chapter. In A. De Vos & B. I. J. M. Van der Heijden (eds.), *Handbook of research on sustainable careers* (pp.1-19). Cheltenham, UK: Edward Elgar Publishing.

WCED, S. W. S. (1987). World commission on environment and development. *Our common future, 17*(1), 1-91.

Westman, M., Hobfoll, S. E., Chen, S., Davidson, O. B., & Laski, S. (2004). Organizational stress through the lens of conservation of resources (COR) theory. In *Exploring interpersonal dynamics*, Emerald Group Publishing Limited.

Wrzesniewski, A., & Dutton, J. E. (2001). Crafting a job: Revisioning employees as active crafters of their work. *Academy of Management Review*, *26*(2), 179-201.

Zikic, J., & Richardson, J. (2007). Unlocking the careers of business professionals following job loss: Sensemaking and career exploration of older workers. *Canadian Journal of Administrative Sciences*, *24*(1), 58-73.

第2章
持続可能なキャリアを支える心理的資源
—— キャリア・アダプタビリティ ——

キーワード　キャリア・アダプタビリティ、キャリアの不確実性、キャリア構築理論、心理的資源

　かつて個人のキャリアは、組織の安定、雇用の安定という前提の中で育まれていた。しかし、その前提は、グローバル化の加速や情報技術の飛躍的発達により変容し、わが国ではバブル崩壊からの回復過程において大きく揺らいだ。近年は、AIなどの技術革新やグローバル経済の脆弱さにより、さらに大きな不確実性に晒されている。本章では、こうした不確実性の時代において、変化する環境に適応し、自分にとって意味深いキャリアを実現するために必要なキャリア・アダプタビリティという心理的資源に注目する。

　キャリア・アダプタビリティは、変化の速い環境への対応や成人発達への関心の高まりの中で、注目を集め、近年、測定尺度が開発されたことで研究が大きく進んだ。これまでに、先行要因となる個人要因や多くのポジティブな成果変数との関係が明らかにされてきたが、一方で、キャリア・アダプタビリティの発達のプロセス、個人を取り巻く様々な文脈要因がキャリア・アダプタビリティに与える影響、具体的な転機においてキャリア・アダプタビリティの各次元が全体として適応をもたらすメカニズムなどについては、まだ、よくわかっていない。本章では、キャリア・アダプタビリティという概念への理解を深めつつ、今後の研究課題を考えたい。

1. はじめに

　本章では、環境変化がますます激しくなる中で、職業上で直面する様々な転機やトラウマを乗り越え、自分にとって意味深いキャリアを歩むために必要な心理的資源であるキャリア・アダプタビリティ（career adaptability: Savickas, 1997, 2002, 2005, 2013）について理解を深めるとともに、今後、重要と考えられる研究課題を探りたい。

　かつて個人のキャリアは、安定した組織、安定した雇用を前提に、年齢とゆるやかに関係する組織内での発達課題を一つひとつ乗り越えていくことで発達するとされていた（Schein, 1978）。しかし、その前提は 1990 年代以降の欧米で、グローバル化や情報技術の発達により経営環境が激変する中、多くの企業がリストラやダウンサイジングに取り組んだことで変容し、わが国においてもバブル崩壊からの回復過程において大きく揺らいだ。近年、将来の仕事や雇用に大きな影響を与えると予想される AI やロボットなどの先端技術が社会実装の段階に入ってきたこと（Frey & Osborne, 2017）、リーマンショックや同時多発テロを契機に、グローバル経済が持つ脆弱さが強く意識されたこと（Taleb, 2012）などにより、キャリアの不確実性はさらに高まっている。軍事用語として使われていた VUCA（volatility, uncertainty, complexity, ambiguity）という略語が世界経済フォーラム（ダボス会議）において時代のキーワードとして注目を集めた（Bennett & Lemoine, 2014; Gergen, 2015）ことも、現代がかつてない不確実性に満ちていることの証と考えられる。このような不確実性の時代においては、積極的に転職やキャリアチェンジを行う個人だけでなく、1 つの組織内で着実なキャリアを歩もうとする個人であっても、かつてのように予測可能性の高いキャリアは期待しづらくなった。あらゆる個人が不確実性に向き合いながら、キャリアを歩む時代になったといえよう。

　わが国においては、1990 年代半ば頃から始まったキャリア教育により、自

分のキャリアに責任を持つという考え方はかなり浸透した。しかし、キャリアの不確実性が高まる中、新たにキャリアの管理主体となった個人にこれからの時代を生き抜く準備は整っているであろうか。また、キャリア教育やキャリア・カウンセリングの現場は、こうした時代の変化を踏まえた指導や支援ができているだろうか。こうした問題意識を念頭に置きつつ、キャリア・アダプタビリティについて理解を深めていきたい。

2. キャリアにおける不確実性とキャリア構築理論

(1) キャリアにおける不確実性について

　キャリアにおける不確実性は、グローバル化や情報技術を中心とした技術革新が急速に進んだ1990年代に、欧米で多くの企業がリストラやダウンサイジングを経験したことを契機に強く意識されるようになり、それ以降、四半世紀にわたり、キャリア論における通奏低音の役割を果たしてきた。それまで安心して自らのキャリアを委ねていた組織の安定性が失われたことは、自らのキャリアを管理することへ自覚を芽生えさせ、それまでの伝統的なキャリア観に代わる新たなキャリア観を生み出した。その代表が、プロティアン・キャリア（Hall, 1996, 2002）、バウンダリレス・キャリア（Arthur, 1994; Arthur & Rousseau, 1996）に代表されるニューキャリア論である。

　こうした議論は、プロティアン（変幻自在な）、バウンダリレス（境界のない）といったメタファーからも明らかなように、個人のキャリアを組織から解放し、個人を主体にキャリアを捉え直そうとしたものである。プロティアン・キャリアは、キャリアの主観的側面に注目し、個人のキャリアは、心理的成功を求めて、変幻自在に姿を変えるものになったと主張した。また、バウンダリレス・キャリアは、キャリアの外形的側面に注目し、個人が組織の枠から自由になり、あたかも境界がないようにキャリアを歩むようになったとの議論を展開した。こうしたニューキャリア論は、組織の不確実性が高まる中で、キャリアは組織から一方的に与えられるものではなく、個人が責任を持って管理すべ

きものであるとの認識を高めた点に大きな意義があった。

　キャリアにおける不確実性の問題は、学習論、意思決定論、トランジション論などの切り口からも活発に議論された。Krumboltz & Levin (2004) は、学習論の観点から、「計画された偶発性」(planned happenstance) という概念を提示し、変化の激しい不確実な時代においては、組織内キャリアのような予想された課題を一つひとつ乗り越えるような安定的なキャリアは期待しづらく、むしろ偶然にもたらされた機会をキャリア発達の機会と捉え、それを積極的に活かすという観点が必要だと主張した。

　また、Gelatt (1989) は、意思決定論の観点から、「積極的不確実性」(positive uncertainty) という概念を提示し、キャリアの意思決定プロセスにおいて、客観的・合理的な意思決定だけに頼ることはもはや困難であり、不確実性を積極的に受け入れて、主観的・直感的な意思決定と統合していくことが重要だと主張した。さらに、トランジション論では、現実の人生では避けられない運、不運、思いがけない出来事を含めて、キャリアの転機に向き合うことがキャリア発達につながるといった議論が展開された。Schlossberg (1989) は、絶望的に思える状況であっても、状況、自己、サポート、戦略の4つの視点から冷静な分析、検討をすることで、あらゆる転機を乗り越えていけると主張し、Nicholson & West(1988)、Nicholson(1990)は、仕事上の役割変化という転機は、準備、遭遇、順応、安定化からなるサイクルをうまく回すことが適応の鍵を握るとし、トランジション・サイクルとしてモデル化した。

　このように、近年のキャリア論においては、キャリアの不確実性が避けられない中で、個人が自らのアイデンティティを失うことなく、キャリアを歩むには、どうすればいいのかという観点から、様々な研究が積み重ねられた。こうした長年にわたるキャリア研究の成果を踏まえつつ、現代のような不確実性の時代に向き合うためには、キャリア・アダプタビリティという様々な転機を乗り越えながら、自らキャリアの物語を構築するための心理的資源が必要になると主張したのが、ここで取り上げるSavickasである。

(2) キャリア構築理論について

　Savickas (2002, 2013) は変化の激しい時代において、キャリアは組織から与えられるものから、個人が様々な環境への「適応」(adaptation) を通じて自ら構築するものに変化したとの立場から「キャリア構築理論」(Career Construction Theory) を唱えた。キャリア構築理論は、社会における現実、意味などは、客観的な存在ではなく、人々の相互作用を通じて社会的に構成されるとする社会構成主義 (social constructivism: Berger & Luckmann, 1966) をメタ理論としている。すなわち、今日のキャリアは、不確実な状況の中で、ありたい自分と環境との統合を目指して、内的、外的な適応を繰り返していく中で、自ら作りだす社会的構築物である (Savickas & Porfeli, 2012) というのである。

　キャリア構築理論は、キャリア発達を時間と役割の視点から捉えたSuper (1980,1990) の「ライフスパン/ライフスペースの理論的アプローチ」(life-span, life-space approach) を継承し、それを社会構成主義の観点から発展させたものだといえる。Superは、キャリア・カウンセリングの本質を様々な個人特性と仕事特性のマッチングと見るHolland(1997)の特性因子理論 (trait-factor theory) を土台に、キャリアにおける発達 (development)、自己 (self)、文脈 (context) の視点を取り入れ、キャリアは人生のいろいろな段階において、仕事以外の生活空間も含めた環境と自己との相互作用を通じて発達するというライフスパン/ライフスペースの理論的アプローチを唱えた。Savickas (2002, 2013) は、このライフスパン/ライフスペースの理論的アプローチでは十分統合できていなかった個人特性、発達、自己、文脈という４つの視点を「適応」という概念で統合する理論の構築に取り組み、キャリア構築理論として完成させた。

　キャリア構築理論では、「何を」「なぜ」「どのように」の３つをキャリアの重要な構成要素とする。「何を」に相当するのが職業パーソナリティであり、「なぜ」に相当するのがライフテーマであり、「どのように」に相当するのがキャリア・アダプタビリティである。様々な転機を乗り越えつつ、職業パーソナリティをライフテーマに結びつけ、自らのキャリアの物語を構築するために欠か

せないのがキャリア・アダプタビリティだといえる。

3. キャリア・アダプタビリティという概念について

　キャリア・アダプタビリティという概念は、Super (1963) が唱えたキャリア成熟 (career maturity) という概念を発展させたものである。Superは、青年が成人の仕事世界に入っていく移行期に注目し、キャリアの準備段階を想定した上で、青年が成人の仕事の世界に入る準備がどの程度整っているか、進学や就職などの重要な判断をするために、どの程度内的な成熟が図られているかを測るために、キャリア成熟という概念を用いた。

　キャリア成熟という概念は、仕事世界に入ろうとする青年の成熟度を測るためには重要であったが、キャリアを生涯にわたる成人発達と考えると、青年期から成人期への移行期のみを照射する成熟という概念だけは捉えきれない。そのため、Super & Knasel (1981) は、成人発達については、キャリア成熟よりも、キャリア・アダプタビリティという概念が相応しいとし、その構成要素として、計画性、探索性、情報収集性、意思決定性、現実志向性の5つを挙げた。すなわち、社会人になった後も、キャリア発達を続けていくためには、将来を大きく展望し（計画性）、仕事と自分についての正確なイメージを掴み（探索性）、必要な情報を収集（情報収集性）した上で、自らの進むべき道についての意思決定をし（意思決定性）、自分が望む状態を現実化していく（現実志向性）ことが必要だとしたのである。

　Savickas (1997) は、Superの業績を引き継ぎつつ、キャリア成熟は、社会が安定し一定の秩序が保たれている時には効果的な概念であるが、絶えざる変化にさらされる現代にはそぐわないとした。そして、現代においては、経済環境の変化や技術革新、あるいは人生における挫折や仕事上のトラウマなど、予想しえない様々な変化に適応し続ける必要があり、そのため、環境の内包する多様性や不確実性に対して、個人が自己概念を適応させる心理的資源であるキャリア・アダプタビリティが必要になると主張した。その後、キャリア・アダプ

タビリティという概念は、成人発達への関心の高まり、変化の速い技術、経済やライフサイクルの移行期への対応の必要性の高まりを受け、多くの研究者から注目を集めるようになった。

　Savickas (2005, p.51) は、キャリア・アダプタビリティを「現在および差し迫った職業上の発達課題、仕事上の移行期、個人的なトラウマに対処するためのレディネスおよび資源」[1] と定義する。Buyken et al. (2015) は、この定義には本質的に2つの視点が内包されているという。1つは、キャリアは個人のものだと見る個人中心の視点である。もう1つは、逆境においても未来を肯定的かつ能動的に捉える視点である。すなわち、キャリア・アダプタビリティとは、変化する環境に単に受動的に適応するだけでなく、自分が適応する環境を自ら作り出す能動性を含んだ概念だというのである。ある時点における個人と仕事のフィット（P-J fit）や個人と組織のフィット（P-O fit）といった静的な適応だけでなく、発達段階における移行期や変化の激しい時代における様々な転機やトラウマに対するダイナミックな適応に注目した点にSavickasの功績があるといえる。

　Savickas & Porfeli (2012) は、アダプタビリティという言葉の意味を明確にするために、adaptという同じ語源を持つadaptivity、adapting、adaptationとアダプタビリティを比較し、変化に対する適応レディネス (adaptivity) とアダプタビリティという適応資源の2つが揃うことにより、適応行動 (adapting) が引き起こされ、その結果として適応結果 (adaptation) がもたらされるとした。Rudolph et al. (2017) は、先行研究を踏まえて、これら4つの概念の関係を下図のとおりモデル化している。なお、これら4つは相互に関連性の強い概念であるが、独立した別個の概念であることが実証的に示されている (Hirschi et al., 2015; Hirschi & Valero, 2015)。4つの概念について、個別に説明すると以下のとおりとなる。

1　原文は、an individual's readiness and resources for coping with current and imminent vocational development tasks, occupational transitions, and personal traumas.

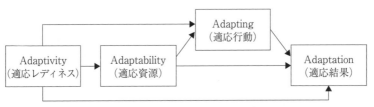

図 2-1　adapt を語源とする 4 つの概念の関係

（出典）Rudolph et al. (2017)

（1）Adaptivity（適応レディネス）

　個人が適応行動を取るには、能動的な性格、希望、楽観主義といった個人の性格的な特性が必要である。キャリアにおける不均衡や転機に対して、前向きに立ち向かおうとする志向性がadaptivityである。adaptivityは、開放性、外向性、真面目さなどの個人特性の組み合わせとして示される。Hall (2002) は、プロティアン・キャリアを歩むために必要なメタ・コンピテンシーとしてアダプタビリティを挙げ、その構成要素として、適応モチベーションと適応コンピテンスがあるとしたが、adaptivityは適応モチベーションに、adaptabilityは適応コンピテンスに対応すると考えられる。

（2）Adaptability（適応資源）

　職業上の発達課題、転機、トラウマに対処するには、不慣れで捉えどころがない課題に対処するための自己調整力 (self-regulatory resource: Muraven & Baumeister, 2000) が必要である。そうした場面における自己調整を可能とする個人資源がアダプタビリティであり、あとで述べるように、関心、コントロール、好奇心、自信の4つの次元で構成される。アダプタビリティはadaptivityという個人特性に比べて、変化しやすく、教育や経験を重ねることで蓄積される性質がある点 (Sullivan & Sheffrin, 2003)、また、環境との相互作用で発達が促されるため、個人がどのような文化や文脈に置かれるかで大きな影響を受ける点 (Savickas & Porfeli, 2012) が大きな特徴である。

（3）Adapting（適応行動）

　キャリアサイクルにおけるステージ変化、ある仕事から別の仕事、ある職業から別の職業への変化などに合わせて起こる、発達課題、転機、トラウマなどに適応するための反応行動がadaptingである。キャリア構築理論では適応は、方向づけ（orientation）、探索（exploration）、確立（establishment）、管理（management）、離脱（disengagement）という5つのステップからなるサイクルを回すことで実現すると考えられている。そして、キャリア・アダプタビリティがこうしたステップを回すために必要な、キャリア計画、キャリア決定、キャリア探索、能動的なスキル開発、能動的なネットワーキング、次の成長機会に向けた離脱といった適応行動を促すとされる。

（4）Adaptation（適応結果）

　個人の欲求と組織の期待のマッチングなど、内的なニーズと外的な機会がうまく調和することがadaptationである。その調和は、現在の仕事がこれまでやってきた仕事や将来の希望とうまく結びつくことでさらに大きくなる。キャリアを構築するとは、自己概念を仕事役割の中で実現する試みを続けていくことである。様々な転機においてアダプタビリティを発揮していくことで、自己概念が仕事を通じて実現され、適応結果がもたらされる。良い適応結果は、キャリア成功、キャリア満足、キャリア・アイデンティティ、仕事の意味深さなどにより示される。これら4つの概念とそれらに関連する諸概念の関係は、表2-1のとおりまとめられる。

　Savickas（2002, 2013)は、adaptivity、adaptability、adapting、adaptationの関係について、adaptivity → adaptability → adapting → adaptationという因果関係を想定する。すなわち、キャリアにおいて、適応する準備が整っているひとが（adaptivity）、適応資源を持つことにより（adaptability）、変化する環境に対して適応行動を取ること（adapting）が可能になり、適応結果（adaptation）がもたらされるという。

　しかし、その関係は必ずしもこのように単純な一方通行とはいえないとの指摘がある。例えば、Stringer et al. (2011) は、キャリア計画やキャリア決定

表 2-1　Adaptivity、Adaptability、Adapting、Adaptation と関連する諸概念

	関連概念
Adaptivity （適応レディネス）	能動的な性格、希望、楽観主義、確固たる自己評価、仕事における未来自己、粘り強い目標追求、柔軟な目標調整、学習目標志向、Big5 特性（外向性、協調性、誠実性、情緒安定性、開放性）
Adaptability （適応資源）	関心、コントロール、好奇心、自信
Adapting （適応行動）	キャリア計画、キャリア探索、キャリア決定、職業上の自己効力感、キャリア決定の自己効力感、能動的なスキル開発、能動的なネットワーキング
Adaptation （適応結果）	キャリア満足、人生満足、主観的ウェルビーイング、キャリア・アイデンティティ、天職感、ワーク・エンゲージメント、ポジティブ感情、エンプロイアビリティ、情緒的コミットメント、仕事業績、昇進可能性

（出典）Johnston (2018), Rudolph et al. (2017) をもとに筆者作成

といった適応行動 (adapting) がキャリア・アダプタビリティの自信という下位次元に先行するという。また、Tolentino et al. (2014) は、キャリア・アダプタビリティが、学習目的志向、能動的な性格、楽観主義といった適応レディネス (adaptivity) に先行するという。このように、adaptivity、adaptability、adapting、adaptation は、単純な一方通行の関係にあるのではなく、相互に影響を与え合うものであり、良好な適応結果 (adaptation) がさらにアダプタビリティを高めるなど、何らかのフィードバックループが存在する可能性が示唆されている (Johnston, 2018)。

4. キャリア・アダプタビリティを構成する 4 次元について

　Savickas (2013) は、キャリア・アダプタビリティを構成する因子として、関心 (concern)、コントロール (control)、好奇心 (curiosity)、自信 (confidence) という 4 つの次元（dimension）があるという。これらはキャリア・アダプタビリティの 4C と呼ばれ、キャリア・アダプタビリティという高次の統合的概

念[2]を構成する4因子である。高次の統合的概念とは、本章5節のキャリア・アダプタビリティの測定尺度のところで紹介するように、関心、コントロール、好奇心、自信という4因子の背後に、キャリア・アダプタビリティという、より上位の因子があるという構造を意味する。

　すでに述べたとおり、キャリア構築理論では、適応は方向づけ、探索、確立、管理、離脱という5つのステップからなるサイクルを回すことで実現するとされる。不確実で見通しの悪い環境の中で、こうしたサイクルを回すためには、将来を方向づけ、準備するための「関心」、自分の可能性とキャリア機会を探索する「好奇心」、将来のキャリアを確立、管理、離脱するための「コントロール」、そしてこれらに関わるキャリア関連の課題をうまく解決することへの「自信」といった心理的資源が不可欠である。これらの因子は相互に補い合い、一体となることで個人の適応を支援するため、一つひとつを強化するというよりは、これらを統合したキャリア・アダプタビリティ全体を強化する必要性がある。それぞれの次元について、まとめると表2-2のとおりとなる。

　キャリア・アダプタビリティという概念のユニークな点は、それを生まれつき固有の個人特性ではなく、発達するものだと見る点である。キャリア・アダプタビリティの次元の下に、キャリア・アダプタビリティのABCと呼ばれる、態度と信念 (attitude & belief) と能力 (competence) という下位次元が設けられており、その下位次元が発達することにより、キャリア・アダプタビリティが全体として発達するとされている。このように発達の側面を持つことが、個人特性として比較的安定的な適応レディネス (adaptivity) との大きな相違点となる。キャリアにおける適応のためには、この4つの次元が均整の取れた形で発達することが理想であるが、現実には難しい。著しく発達の遅れた次元があると適応が難しくなるため、キャリア支援の必要性が生まれる (Savickas,

---

2　組織行動論の分野で近年注目される心理的資本 (psychological capital; Luthans et al., 2007) は、自己効力感、希望、レジリエンス、オプティミズムの4因子からなる高次の統合的概念であり、発達、蓄積する心理的資源という意味においてキャリア・アダプタビリティと類似の概念だといえる。

表2-2　キャリア・アダプタビリティを構成する4次元について

次元名	説明
関心 (concern)	・「関心」とは、将来に向けた準備に対して、向き合い、関わっている程度を意味する。キャリア・アダプタビリティの4つの次元の中でも最も重要なものである。 ・過去の自分と未来の自分とを結びつけ、連続性のあるキャリアとするには、未来を現実のものと感じ、それに備えることができなければならない。「関心」には、職業生活の未来を予期することにより、未来を現在の延長線上にある現実として感じさせる機能がある。 ・計画性と楽観性が「関心」を醸成するが、「関心」が欠如すると、無関心の状態となり、無計画と悲観が支配的となる。
コントロール (control)	・「コントロール」とは、意思決定について真面目で責任を持つことで示される自律の程度を意味する。キャリア・アダプタビリティの4次元の中で2番目に重要なものである。 ・「コントロール」には、個人内部における自律と、職業上の発達課題や転機に向き合う際の慎重で、秩序立った、決断的プロセスが含まれている。 ・「コントロール」により、職業上の発達課題や転機から逃げるのではなく、向き合うことができるようになる。「コントロール」の欠如状態は、キャリア上の優柔不断であり、混乱、先送り、衝動的な行動を引き起こす。
好奇心 (curiosity)	・「好奇心」とは、仕事機会を求めて、環境を探索したり、情報を集めたりする程度を意味する。やりたい仕事のタイプやその仕事をするチャンスなど、将来につながる様々な選択肢や機会を探索するモチベーションである。 ・「好奇心」の主たる機能は、個人が自分自身を知り、また職業を知るための様々な探索を促すことである。新しい経験に対してオープンで、自分の可能性や異なる役割を試すことで、深い自己理解と職業に対する多様な情報が得られる。 ・「好奇心」により、職業選択にあたってのリアリズムと客観性を得ることで、自己と環境とが「適応」する判断ができるようになる。「好奇心」の欠如は、仕事の世界に対する無知と不正確な自己イメージをもたらす。
自信 (confidence)	・「自信」とは、問題解決や障害を克服する能力についての確信の程度を意味する。学校から職業への移行あるいは職業の上での選択を適切に行うために必要な一連の行為を成功裏に進めることができるという自己効力感を示している。 ・キャリア選択は複雑な問題解決を伴うテーマであり、それを進める上で、自尊心、自己効力感、勇気づけにつながる「自信」がなくてはならない。 ・日々の生活の中で、様々な問題解決に取り組むことが「自信」を涵養する。「自信」の欠如は、キャリア上の自己抑制をもたらし、役割遂行や目標達成を脅かす。

（出典）Savickas (2013), Savickas & Porfeli (2012) をもとに筆者作成

2013)。キャリア・アダプタビリティの4次元とその下位次元である態度と信念、能力の関係、それらがもたらす対処行動、欠如した際に生じるキャリア問題の関係をまとめたのが表2-3である。

表2-3　キャリア・アダプタビリティの4次元と下位次元の関係について

次元	態度と信念	能力	対処行動	キャリア問題
関心	計画的	計画的能力	認識、関与、準備	無関心
コントロール	決断的	意思決定能力	主張、秩序、意思	不決断
好奇心	探求的	探索能力	試行、リスクテイキング、調査	非現実性
自信	効力感	問題解決能力	持続、努力、勤勉	抑制

（出典）Savickas (2013, p. 158)

5. キャリア・アダプタビリティの測定尺度

キャリア・アダプタビリティの測定については、Savickas & Porfeli (2012) が、13か国からなる共同研究を通じて、国際的に通用するキャリア・アダプタビリティ尺度開発に取り組み、キャリア適応能力尺度 (Career Adapt-Abilities Scale) を開発した。これは関心、コントロール、好奇心、自信の4次元について、各6項目、合計24項目で構成される。図2-2に示されるように、キャリア・アダプタビリティを4つの次元の上位にある高次の統合的概念と仮定した2次因子分析モデルを構成し、確認的因子分析を行った結果、モデルとデータの適合度が検証されている。この尺度は、共同研究に参加した各国で、その妥当性、信頼性が検証されており (Johnston, 2018)、現在では、最もよく用いられるキャリア・アダプタビリティの測定尺度となっている[3]。

3　わが国で妥当性、信頼性が検証されたキャリア・アダプタビリティ尺度としては、大学生を対象に開発された北村 (2021) がある。

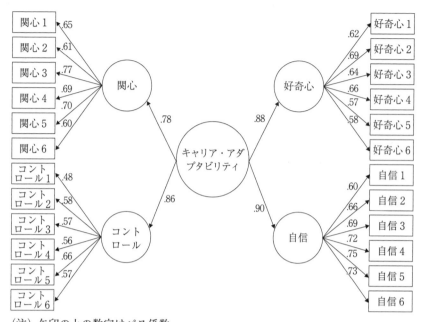

（注）矢印の上の数字はパス係数

図2-2 キャリア・アダプタビリティの因子構造モデル
（出典）Savickas & Porfeli (2012)

　なお、キャリア適応能力尺度の開発段階で、関心、コントロール、好奇心、自信に次ぐ、5つ目の次元として、協力 (Cooperation) という他者との関係に関わる次元を含めることが検討されたが、協力は環境変化への適応を支える資源であるものの、他の4つの心理的資源とは異なる人間関係的資源であるため、一体として扱うことはできないと結論づけられている (Savickas & Porfeli 2015)。

　キャリア適応能力尺度の質問紙は表2-4のとおりである。質問紙の冒頭に「ひとはそれぞれの強みを生かして、自分のキャリアを築きます。何でも得意というひとはいませんし、誰もが他のひとよりも得意だというものを持っています。次の能力について、どれくらい、あなたの強みになっていると思うか評価して下さい」という説明があり、選択肢は「1. まったく強みではない」〜「5. たいへん強みである」の5段階となっている。

表2-4　キャリア適応能力尺度

次元		質問項目
関心	1	自分の将来がどうなるか考えている
	2	今日の選択が未来を形づくると思う
	3	将来に備えて準備する
	4	進学やキャリアについてどんな選択をしなければならないかわかっている
	5	目標を達成する方法について計画を立てる
	6	将来のキャリアについて関心がある
コントロール	1	前向きである
	2	自分で決断する
	3	自分のとった行動に責任を持つ
	4	自分の信念にこだわる
	5	自分の力を信じている
	6	自分にとって正しいことをする
好奇心	1	まわりの環境について関心を持っている
	2	ひととして成長する機会を求める
	3	選択する前に選択肢についてよく調べる
	4	いろいろなやり方をよく観察する
	5	疑問に思ったことは深く調べる
	6	新しい機会に対し、好奇心がある
自信	1	仕事を効率的にこなすことができる
	2	物事がうまく処理できるよう努力する
	3	新たなスキルを学ぶ
	4	能力を精一杯使って働く
	5	困難を乗り越えることができる
	6	問題にぶつかっても解決することができる

（出典）Savickas & Porfeli（2012）

6. キャリア・アダプタビリティの研究動向

　すでに述べたように、キャリア・アダプタビリティという概念は、成人発達
への関心の高まり、変化の速い経済や技術革新や人生における思いがけない転
機への対応の重要性の高まりを受けて、近年、多くの研究者から注目を集めて
いる。すでに述べたとおり、Savickas & Porfeli (2012) により、キャリア適応
能力尺度が開発されたことで、近年、横断的な定量研究を中心に急速に研究が
進んだ。最近の研究は、次の3つに大別できる。

(1) 先行要因に関する研究

　キャリア・アダプタビリティがその機能を有効に発揮するためには、様々な
個人要因が先行要因として必要であることがこれまでの研究でわかっている。
　主要なものとしては、感情的知性 (Coetzee & Harry, 2014)、能動性と確固
たる自己評価 (Hirschi et al., 2015)、希望と楽観主義 (Wilkins et al., 2014)、粘
り強い目標追求と柔軟な目標調整 (Tolentino et al., 2013)、仕事における未来
自己 (Guan et al., 2014) といった個人特性である。さらには、特定の仕事経験
(Van Vianen et al., 2009) などもキャリア・アダプタビリティに影響を与える。
一方で、社会的規範へのこだわりや受容欲求の強さは、キャリア・アダプタビ
リティを阻害するとされる (Stoltz et al., 2013)。
　このように様々な個人要因がキャリア・アダプタビリティの先行要因である
ことについての研究が蓄積されてきた一方で、持続可能なキャリアの研究が重
視する幅広い文脈のキャリア・アダプタビリティへの影響については、研究
蓄積が十分とはいえない。先行研究では、両親とのポジティブな関係 (Soresi
et al., 2014)、社会的サポート (Tian & Fan, 2014)、キャリアに関わる親の行動
(Guan et al., 2015a)、失業すること (Johnston et al., 2016) などがキャリア・ア
ダプタビリティにポジティブな影響を与える文脈として指摘されている。しか
しながら、例えば、組織における職務特性、職場の雰囲気、上司との関係、組

織のキャリアマネジメント、雇用の安定度、あるいはプライベートにおける家庭や趣味などの文脈がキャリア・アダプタビリティに与える影響については、まだよくわかっておらず、こうした文脈要因の影響については、今後の研究課題である。

(2) 成果要因に関する研究

　次に、キャリア・アダプタビリティがその成果として、どのような適応結果をもたらすかについては、キャリア・アダプタビリティを説明変数とし、適応結果を被説明変数とする研究蓄積が進んできた。その結果、キャリア・アダプタビリティは、持続可能なキャリアの成果指標となる幸福、健康、仕事成果の全てについて、正の影響があることが明らかにされている。例えば、幸福でいえば、職務満足 (Zacher & Griffin, 2015)、キャリア満足 (Chan & Mai, 2015)、人生満足 (Maggiori et al., 2013)、健康でいえば、仕事ストレスの軽減 (Maggiori et al., 2013)、（自己評価した）健康 (Johnston et al., 2016)、仕事成果でいえば、業績 (Zacher, 2014) などである。

　なお、キャリア・アダプタビリティと転職意思については、やや複雑な関係にある。すなわち、キャリア・アダプタビリティは全体としては、個人と仕事のフィット (P-J fit)、個人と組織のフィット (P-O fit)、キャリア満足を高め、転職意思の引き下げに寄与する (Ferreira & Coetzee, 2013; Chan & Mai, 2015; Guan et al., 2015b)。一方で、好奇心という次元には、自分自身の市場性の高さへの認識を高め (Spurk et al., 2015)、転職機会へ目を向けさせる (Zacher et al., 2015) など、転職意思を発生させる効果がある。好奇心という次元は、他の3つの次元とは異なる働きをしており、キャリア・アダプタビリティは、良い仕事環境を維持することと外部に良い雇用機会を見つけることの双方にポジティブな効果を持つといえる (Ito & Brotheridge, 2005)。

(3) 媒介効果、調整効果に関する研究

　キャリア・アダプタビリティと先行要因との関係、および成果要因との関係が明らかになるにつれ、キャリア・アダプタビリティが個人要因と適応結果との間を媒介する効果についての研究も蓄積されつつある。

　代表的なものとしては、キャリア・アダプタビリティが、外向性、活動性、神経症的傾向、誠実性といった個人の性格とワーク・エンゲージメントの関係を媒介する効果に関するもの (Rossier et al., 2012)、自信という次元が仕事における未来自己と能動的なスキル開発の関係を、好奇心という次元が仕事における未来自己とネットワーク構築行動との関係を媒介する効果に関するもの (Taber & Blankemeyer, 2015)、関心と自信という次元が個人の天職感とキャリア意思決定自己効力感との関係を媒介する効果に関するもの (Douglass & Duffy, 2015) などがある。

　キャリア・アダプタビリティの媒介効果について、研究蓄積が進む一方で、キャリア・アダプタビリティの調整効果については、研究蓄積は乏しい。キャリア・アダプタビリティが高いひとほど、組織のキャリアマネジメントが個人のキャリア満足に与える影響が大きい (Guan et al., 2015b)、あるいは、仕事における未来自己が仕事探しの自己効力感 (job search self-efficacy) に与える影響が大きいといった研究 (Guan et al., 2014) はあるものの、キャリア・アダプタビリティの調整効果については十分明らかになっておらず、今後の研究課題である。

　なお、ここまで述べてきたように、キャリア・アダプタビリティの研究は、変数間の因果関係を探る変数中心アプローチ (variable-centered approach) が中心であった。すなわち、多くの研究がキャリア・アダプタビリティとその先行要因である個人特性 (能動性、楽観主義など) や成果要因である適応行動 (キャリア計画、キャリア探索、キャリア意思決定など) や適応結果 (キャリア満足、職務満足など) との因果関係に関心を向けてきた。これに対して、Hirschi & Valero (2015) は、調査対象者を同質の集団だと見る変数中心アプローチでは、特定のパターンを持つ下位集団の存在を見逃してしまう可能性があると指摘

し、キャリア発達の個別化 (Vondracek & Porfeli, 2002) が進みつつあること
や、キャリア・アダプタビリティが主要な役割を果たす場面がキャリア・カウ
ンセリングであること (Savickas, 2013) を踏まえると、特定のパターンを持つ
下位集団の存在を探る人間中心アプローチ (person-centered approach) を採用
することがキャリア・アダプタビリティの包括的理解のために必要だと主張し
ている。そして、ドイツの大学生を対象に2度にわたり、キャリア・アダプ
タビリティの各次元に関する潜在的クラス分析 (latent profile analysis) を行い、
1回目の分析では、低群、平均以下群、平均群、無気力受け身群、高群、2回
目の分析では、極低群、低群、平均以下群、平均以上群、高群の5群の存在
を明らかにし、基本的には、各次元の組み合わせではなく、各次元の水準にお
いて、いくつかの下位集団に分かれると結論づけている。

7. 今後の研究の方向性

　先行研究のレビュー結果をまとめると、キャリア・アダプタビリティが、個
人が職業上で直面する様々な発達課題や転機にうまく適応し、ポジティブな
キャリア成果を得るための重要な心理的資源であることが、様々な角度から明
らかにされつつあるといえよう。キャリア・アダプタビリティ研究の発展に
とって、今後、重要と考えられる研究課題としては次の3つが考えられる。

(1) キャリア・アダプタビリティの発達プロセス

　キャリア・アダプタビリティは、適応レディネス (adaptivity) という比較的
安定した個人特性と違って、変化しやすく、また、態度と信念、能力という下
位概念が発達することで、全体が発達する点が大きな特徴である。しかし、こ
れまでの研究はある時点での変数間の関係を捉えようとする横断的な研究が中
心であったため、キャリア・アダプタビリティの発達プロセスを時間的推移の
中で捉えた研究は乏しい。そのため、例えば、過去に受けた教育、仕事経験、
それまでの人的関係などが長期的なキャリア・アダプタビリティの発達にどの

ような影響を与えるか、キャリア・アダプタビリティの発達において、4つの次元における発達が相互にどのように影響を与え合うか、あるいは、1つの大きな転機を乗り越えることが、キャリア・アダプタビリティの発達にどうつながるのかなど、キャリア・アダプタビリティの発達プロセスについてはあまりよくわかっていない。キャリア・アダプタビリティの発達プロセスへの理解を深めることは、実効性の高いキャリア教育やキャリア・カウンセリングにつながると考えられるため、縦断的な定性研究による発達プロセスの解明など、今後の研究の発展が期待される。

(2) キャリア・アダプタビリティに影響を与える文脈要因

すでに述べたように、キャリア・アダプタビリティの先行要因については、定量研究に適した個人特性に注目するものが多く、個人が置かれる文脈要因に注目する研究が少ない。そのため、どのような文脈要因がキャリア・アダプタビリティに影響を与えるかはよくわかっていない。しかし、職務特性、職場の雰囲気、上司との関係、組織のキャリアマネジメント、雇用の安定度、あるいは家庭や趣味などといった幅広い文脈要因が、個人のキャリア・アダプタビリティに何らかの影響を持つと考えられるため、今後その影響について理解を深める必要がある。キャリアの持続可能性を高めるためには、組織の関わりが重要であることから、ここでは、とりわけ次の2点についての研究の必要性を指摘しておきたい。

1点目は、組織のどのようなキャリアマネジメント、あるいは、組織からのどのような働きかけが、個人のキャリア・アダプタビリティの発揮を促すかという点である。環境変化の激しさが増す中で、今後、大きな変革期を迎える企業も多いと考えられる。個人の環境変化への適応をスムーズにするためには、キャリアマネジメントや人的資源管理やの面から、個人のキャリア・アダプタビリティに対して、どのように働きかけるのが有効かを理解しておく必要がある。

2点目は、キャリア・アダプタビリティの高い社員に対して、転職意思を発生させることなく、組織に貢献し続けてもらうためには、どのような環境や

条件を用意する必要があるかという点である。キャリア・アダプタビリティ、とりわけ、好奇心の次元が高まることは、社員の離職について、正負両面の効果を持つ。社員のキャリア・アダプタビリティの発達や発揮を支援しつつ、キャリア・アダプタビリティを高めた社員に対して、引き続き組織に留まり貢献してもらうためには、組織としてどのような配慮が必要であるかを理解することが重要であろう。

(3) キャリア・アダプタビリティが適応をもたらすメカニズム

　キャリア構築理論では、キャリア・アダプタビリティの関心、コントロール、好奇心、自信という4つの次元が一体となって、方向づけ、探索、確立、管理、離脱というサイクルを回すことで個人に適応をもたらすと考えられている。しかし、就職、はじめての管理職、転職、キャリア上の挫折といった、具体的なキャリアの転機において、キャリア・アダプタビリティの各次元が全体としてどのように機能し、適応行動や適応結果をもたらすのかという、キャリア・アダプタビリティが適応をもたらすメカニズムについては、十分明らかにされていない。

　「人生100年時代」（Gratton & Scott, 2016）においては、中高年であっても、様々な挫折を乗り越え、新たな仕事や新たな職業に適応しながら、自らのライフストーリーを紡いでいく必要がある。キャリア中期、後期の転機を含めた人生の様々な転機において、キャリア・アダプタビリティが機能するメカニズム、あるいは、その機能を促進、阻害する要因への理解を深めておくことは、持続可能なキャリアの実現のために重要だと考えられる。

8. まとめ

　グローバル化の加速や情報技術の飛躍的発達により、組織の安定、雇用の安定は揺らぎ、あらゆる個人が不確実性に向き合いながら、キャリアを歩む時代を迎えつつある。本章では、こうした時代において、自分にとって意味深い

キャリアを歩むために必要なキャリア・アダプタビリティという概念を取り上げ、その内容への理解を深めるとともに、今後の研究の方向性を探ってきた。

　キャリア・アダプタビリティに関する研究は、その概念を測定する尺度が開発されたことで、近年、急速に進み、様々な先行要因、成果要因、媒介効果などが明らかになってきている。

　しかし、これまでの研究は、キャリア・アダプタビリティの発達のプロセス、個人を取り巻く様々な文脈要因がキャリア・アダプタビリティに与える影響、具体的な転機においてキャリア・アダプタビリティの各次元が全体として適応をもたらすメカニズムなどはよくわかっていない、といった限界を抱えている。

　ますます不確実性を高める時代において、より多くの個人が持続可能なキャリアを実現できるよう、キャリア・アダプタビリティに関する研究がさらに発展することが期待される。

引用文献

Arthur, M.B. (1994). The boundaryless career: A new perspective for organizational inquiry". *Journal of Organizational Behavior, 15*(4), 295-306.

Arthur, M.B., & Rousseau, D.M. (1996). The boundaryless career as a new employment principle. In M.B. Arthur and D.M. Rousseau (eds.), *The boundaryless career: A new employment principle for a new organizational era* (pp.3-20). New York: Oxford University Press.

Bennett, N., & Lemoine, G.L. (2014). What a difference a world makes: Understanding threat to performance in a VUCA world. *Business Horizons, 57*(3), 311-317.

Berger, P.L., & Luckmann, T. (1966). *The social construction of reality*. A Treatise in the Sociology of Knowledge. New York: Anchor Books.

Buyken, M.B.W, Klehe, U.C, Zikic, J. & Van Vianen A.E.M (2015). Merits and challenges of career adaptability as a tool toward sustainable careers. In A. De Vos & B. I. J. M. Van der Heijden (eds.), *Handbook of research on sustainable careers*. (pp.35-49). Cheltenham, UK: Edward Elgar Publishing.

Chan, S.H.J., & Mai, X. (2015). The relation of career adaptability to satisfaction and turnover intentions. *Journal of Vocational Behavior, 89*, 130-139.

Coetzee, M., & Harry, N. (2014). Emotional intelligence as a predictor of employees' career adaptability. *Journal of Vocational Behavior, 84*(1), 90-97.

Douglass, R. P., & Duffy, R. D. (2015). Calling and career adaptability among undergraduate students. *Journal of Vocational Behavior, 86*, 58-65.

Ferreira, N., & Coetzee, M. (2013). Psychological career meta-competencies in relation to job embeddedness among human resource employees. *African Journal of Business Management, 7*(15), 1369-1378.

Frey, C,B., & Osborne, M.A.(2017). The future of employment: how susceptible are jobs to computerization? *Technological Forecasting and Social Change, 114*, 254-280.

Gelatt, H.B. (1989). Positive uncertainty: A new decision-making framework for counseling. *Journal of Counseling Psychology, 36*, 252-256.

Gergen, D. (2015). A call to lead: the essential qualities for stronger leadership. *Outlook on the Global Agenda 2015*. (https://www.weforum.org.) (2018 年 12 月 20 日閲覧)

Gratton, L., & Scott, A. (2016). *The 100-year life: Living and working in an age of longevity*. Bloomsbury Publishing. (池村千秋訳『Life Shift 100 年時代の人生戦略』東洋経済新報社, 2016 年)

Guan, Y., Guo, Y., Bond, M.H., Cai, Z., Zhou, X., Xu, J., …& Ye, L. (2014). New job market entrants' future work self, career adaptability and job search outcomes: examining mediating and moderating models. *Journal of Vocational Behavior, 85*, 136-145.

Guan, Y., Wang, F., Liu, H., Ji, Y., Jia, X., Fang, Z., Li, Y., Hua, H., & Li, C. (2015a). Career-specific parental behaviors, career exploration and career adaptability: A three-wave investigation among Chinese undergraduates. *Journal of Vocational Behavior, 86*, 95-103.

Guan, Y., Zhou, W., Ye, L., Jiang, P., & Zhou, Y. (2015b). Perceived organizational career management and career adaptability as predictors of success and turnover intention among Chinese employees. *Journal of Vocational Behavior, 88,* 230-237.

Hall, D.T. (1996). *The career is dead－Long live the career: A relational approach to careers.* San Francisco, CA: Jossey-Bass.（尾川丈一・梶原誠・藤井博・宮内正臣監訳『プロティアン・キャリア 生涯を通じて生き続けるキャリア－キャリアの関係性アプローチ』亀田ブックサービス, 2015年）

Hall, D.T. (2002). *Careers in and out of organizations.* Sage Publications.

Hirschi, A., Herrmann, A., & Keller, A.C. (2015). Career adaptivity, adaptability, and adapting: A conceptual and empirical investigation. *Journal of Vocational Behavior, 87*, 1-10.

Hirschi, A., & Valero, D. (2015). Career adaptability profiles and their relationship to adaptivity and adapting. *Journal of Vocational Behavior, 88*, 220-229.

Holland, J.L. (1997). *Making vocational choices: A theory of vocational personalities and work environments.* Psychological Assessment Resources.

Ito, J.K., & Brotheridge, C.M. (2005). Does supporting employees' career adaptability lead to commitment, turnover, or both? *Human Resource Management, 44*(1), 5-19.

Johnston, C.S. (2018). A systematic review of the career adaptability literature and future outlook. *Journal of Career Assessment, 26*(1), 3-30.

Johnston, C.S., Maggiori, C., & Rossier, J. (2016). Professional trajectories, individual characteristics, and staying satisfied and healthy. *Journal of Career Development, 43*(1), 81-98.

北村雅昭 (2021).「大学生を対象としたキャリア・アダプタビリティ尺度の開発」『ビジネス実務論集』*39*, 1-10.

Krumboltz, J.D., and Levin, A.S. (2004). *Luck is no accident: Making most of Happenstance in your life and career.* Impact Publishers.（花田光世・大木紀子・宮地夕紀子訳『その幸運は偶然ではないんです!』ダイヤモンド社, 2005年）

Luthans, F., Youssef, C. M., & Avolio, B. J. (2007). *Psychological capital: Developing the human competitive edge.* Oxford University Press.

Maggiori, C., Johnston, C.S., Krings, F., Massoudi, K., & Rossier, J.(2013). The role of career adaptability and work conditions on general and professional well-being. *Journal of Vocational Behavior, 83*, 437-449.

Muraven, M., & Baumeister, R.F. (2000). Self-regulation and depletion of limited resources: Does self-control resemble a muscle? *Psychological Bulletin, 126*(2), 247-259.

Nicholson, N. (1990). The transition cycle: Causes, outcomes, processes and forms. In S. Fisher and C. L. Cooper (eds.), *On the move: The psychology of change and transition,* (pp.83-108). Chichester, UK: John Wiley & Sons.

Nicholson, N., and West, M. (1988). *Managerial job change: Men and women in transition.* New York: Cambridge University Press.

Rossier, J., Zecca, G., Stauffer, S. D., Maggiori, C., & Dauwalder, J. P. (2012). Career Adapt-Abilities Scale in a French-speaking Swiss sample: Psychometric properties and relationships to personality and work engagement. *Journal of Vocational Behavior, 80*(3), 734-743.

Rudolph, C. W., Lavigne, K. N., & Zacher, H. (2017). Career adaptability: A meta-analysis of relationships with measures of adaptivity, adapting responses, and adaptation results. *Journal of Vocational Behavior, 98*, 17-34.

Savickas, M.L. (1997). Adaptability: An integrative construct for life-span, life-space theory. *Career Development Quarterly, 45*, 247-259.

Savickas, M.L. (2002). Career construction: Developmental theory of vocational Behavior. In D.Brown (ed.), *Career choice and development, 4* , (pp.149-205). CA: Jossey-Bass.

Savickas, M.L. (2005). Theory and practice of career construction. In S.D. Brown & R.W.Lent (eds.) *Career development and counseling: Putting theory and research to work* (pp.42-70). Hoboken, NJ: Wiley.

Savickas, M.L. (2013). Career construction theory and practice. In S.D.Brown & R.W.Lent (eds.), *Career development and counseling: Putting theory and research to work, 2,* (pp.147-183). John Wiley & Sons.

Savickas, M.L., & Porfeli, E.J. (2012). Career adapt-abilities scale: Construction, reliability, and measurement equivalence across 13 countries. *Journal of Vocational Behavior, 80*(3), 661-673.

Savickas, M. L., & Porfeli, E. J. (2015). *The career adapt-abilities scale+ cooperation scale.* (http://www.vocopher.com/ms/cmic/CAAS+C.pdf) (2020 年 8 月 25 日閲覧)

Schein, E.H. (1978). *Career dynamics: Matching individual and organizational needs.* Reading, MA: Addison-Welsley.（二村敏子・三善勝代訳『キャリア・ダイナミクス―キャリアとは、生涯を通しての人間の生き方・表現である』白桃書房, 1991 年）

Schlossberg, N.K. (1989). *Overwhelmed: Coping with life's ups and downs.* Lanham, MD:

Lexington Books.（武田圭太・立野了嗣監訳『「選職社会」転機を活かせ』日本マンパワー出版, 2000 年）

Soresi, S., Nota, L., & Ginevra, M.C. (2014). Parental influences on youth's career construction. In G. Arulmani, A.J. Bakshi, F.T. Leong, & A.G. Watts (eds.), *Handbook of career development* (pp.149-172). New York, NY: Springer.

Spurk, D., & Kauffeld, S., Meinecke, A.L., & Ebner, K. (2015). Why do adaptable people feel less insecure? Indirect effects of career adaptability on job and career insecurity via two types of perceived marketability. *Journal of Career Assessment.24*(2), 289-306.

Stoltz, K.B., Wolff, L.A., Monroe, A.E.,Farris, H.R., & Mzahreh, L.G.(2013). Adlerian lifestyle, stress coping, and career adaptability: Relationships and dimensions. *Career Development Quarterly*, *61*, 194-209.

Stringer, K., Kerpelman, J., & Storikov, V. (2011). Career preparations: A longitudinal, process-oriented examination. *Journal of Vocational Behavior, 79*, 158-169.

Sullivan, A., & Sheffrin, S.M. (2003). *Economics: Principles in action*. Upper Saddle River, New Jersey; Pearson Prentice Hall.

Super, D.E. (1963). Self-concepts in vocational development. In D.E. Super, R. Starishevsky, N. Matlin and J.P.Jordan (eds.), *Career development: Self-concept theory* (pp.17-32). New York: CEEB.

Super, D.E. (1980). A life-span, life-space approach to career development. *Journal of Vocational Behavior, 13*, 282-298.

Super, D.E. (1990). A life-span, life-space approach to career development. In D.Brown, L.Brooks and Associates (eds.), *Career choice and development: Applying contemporary theories to practice* (pp.197-261). San Francisco: Jossey-Bass.

Super, D.E. & Knasel, E.G. (1981). Career development in adulthood: Some theoretical problems and a possible solution. *British Journal of Guidance & Counselling, 9*(2), 194-201.

Taber, B.J., & Blankemeyer, M. (2015). Future work self and career adaptability in the prediction of proactive career behavior. *Journal of Vocational Behavior, 86*, 20-27.

Taleb, N.N. (2012). *Antifragile: how to live in a world we don't understand* (Vol.3). London: Allen Lane.

Tian, Y., & Fan, X. (2014). Adversity quotients, environmental variables and career adaptability in student nurses. *Journal of Vocational Behavior, 85*, 251-257.

Tolentino, L.R., Gracia, P.R.J.M., Restubog, S.L., Bordia, P., & Tang, R.L. (2013). Validation of the career adapt-abilities scale and an examination of a model of career adaptation in the Philippine context. *Journal of Vocational Behavior, 83*, 410-418.

Tolentino, L.R., Gracia, P.R.J.M., Lu,V.N., Restubog,S.L.D., Bordia,P.,& Plewa,C. (2014). Career adaptation: The relation of adaptability to goal orientation, proactive personality, and career optimism. *Journal of Vocational Behavior, 84*, 39-48.

Van Vianen, A. E., De Pater, I. E., & Preenen, P. T. (2009). Adaptable careers: Maximizing less and exploring more. *The Career Development Quarterly, 57*(4), 298-309.

Vondracek, F. W., & Porfeli, E. (2002). Integrating person-and function-centered approaches in career development theory and research. *Journal of Vocational Behavior, 61*(3), 386-397.

Wilkins, K.G., Santilli, S., Ferrari, L., Tracey, T.J. & Soresi, S. (2014). The relationship among positive emotional dispositions, career adaptability, and satisfaction in Italian high school students. *Journal of Vocational Behavior, 85*, 329-338.

Zacher, H. (2014). Career adaptability predicts subjective career success above and beyond personality traits and core self-evaluations. *Journal of Vocational Behavior, 84*, 21-30.

Zacher, H., Ambiel, R.A., & Noronha, A.P.P. (2015). Career adaptability and career entrenchment. *Journal of Vocational Behavior, 88*, 164-173.

Zacher, H., & Griffin, B. (2015). Older workers' age as a moderator of the relationship between career adaptability and job satisfaction. *Work, Aging and Retirement, 1*(2), 227-236.

第3章
キャリア・アダプタビリティの事例研究
—— 転職を重ねて経営幹部職に就いた人材に焦点をあてて ——

キーワード	キャリア・アダプタビリティ、最高財務責任者（CFO）、転職、修正版グラウンディド・セオリー・アプローチ（M-GTA）

　これまでのキャリア・アダプタビリティの研究は、尺度を用いた定量研究が中心であり、キャリアの転機において、キャリア・アダプタビリティの各次元が全体としてどのように機能し、適応行動や適応結果をもたらすかについては、あまり明らかにされてこなかった。本章では、インタビューにもとづく質的研究により、こうしたメカニズムの解明に取り組んだ。

　インタビュー対象として、転職を重ねて最高財務責任者（CFO）という経営幹部職に就いた8名の人材を取り上げ、こうした人材の転職プロセスがいかなる心理的資源にどのように支えられているかを分析した。

　分析の結果、こうした人材の転職プロセスは、キャリア・アダプタビリティの関心に相当する【転職人生を生きる覚悟】【自分の売りを磨く姿勢】、自信に相当する【何とかなる自信】、好奇心に相当する【成長志向】、コントロールに相当する【不確実の中で決める力】といった心理的資源によって支えられていること、関心が自信やコントロールを生み出し、好奇心を含めた全次元で転職プロセスを支援することで、結果としてキャリア満足という適応結果を得られることが明らかになった。

1.　はじめに

　第2章で指摘したように、これまでのキャリア・アダプタビリティの研究は、定量研究が中心であり、キャリアの転機において、キャリア・アダプタビリティの各次元がどのように機能し、適応行動や適応結果をもたらすかというメカニズムについては、あまり明らかにされてこなかった。本章では、インタビューにもとづく質的研究を通じて、こうしたメカニズムの解明に取り組み、キャリア・アダプタビリティへの理解を深めていきたい。

　研究対象としては、転職を重ねて経営幹部職に就いた人材に注目し、こうした人材は、いかなる心理的資源にどのように支えられて転職プロセスを乗り越えるかを分析した。こうした人材に注目したのは、転職を重ねるキャリアは1つの組織の中に留まるキャリアと比較して、組織間異動や新たな組織での適応など、多くの不確実性を乗り越える必要があり、そうしたキャリアを通じて経営陣の一角になるに至った人材は、不確実なキャリアを生き抜くための心理的資源を備えているだろうと考えたからである。

　また、とりわけ転職プロセスに焦点を当てたのは、そうしたキャリアの中でもキャリア・アダプタビリティが最も要求されるプロセスだと考えたからである。キャリア・アダプタビリティとは「現在および差し迫った職業上の発達課題、仕事上の移行期、個人的なトラウマに対処するためのレディネスおよび資源」と定義される (Savickas, 2005, p.51)。転職はいうまでもなく、それまでの環境を大きく変える仕事上の移行期であり、転職により仕事内容や地位が大きく変化すれば、変化への適応に伴う発達課題に直面する。また、転職理由が、一つ前の転職の失敗や解雇などであれば、それらに伴うトラウマにも対処していく必要がある。このように、転職プロセスには、仕事上の移行期、職業上の発達課題、個人的なトラウマへの対処などが凝縮されていると考えた。

　転職が決して珍しいことではなくなった今日において、こうしたキャリアを

歩んだ人材がビジネスの専門知識やビジネススキルだけでなく、内面にどのような心理的資源を持っているかを理解することは、キャリア研究における理論的示唆だけでなく、同じようなキャリアを目指す人々に、多くの実践的示唆を与えることが期待される。

2. 研究方法

(1) 調査対象者

　調査対象としては、転職を重ねて経営幹部職に就いた人材の中でも、最高財務責任者（Chief Financial Officer、以下 CFO）の職位に就いた人材を取り上げることとした。CFO とは、「経理・財務担当役員の役割を越えて、企業価値向上のために CEO の経営戦略策定および執行を主に財務面から支える最高責任者」（あずさ監査法人・KPMG, 2008, 1 頁）と定義される。会長（CEO: Chief Executive Officer）や社長（COO: Chief Operating Officer）と並ぶ経営の最重要ポストの 1 つである。この職位は、経理、財務、税務に加えて、成長戦略、投資意思決定、M&A、IR などといった多岐にわたる業務を所管するため、転職経験なしに十分な経験を積むことが難しく、また、資本収益性の向上やコーポレート・ガバナンス強化の観点からその重要度が高まっていることから、近年、社外から招き入れられるケースが増えつつある（安藤, 2015）。転職を重ねて到達する経営幹部職の中でも、重要性が高く、具体事例が豊富だと考えられたため、CFO の経験者を今回の調査対象とした。

　インタビュー対象に選んだのは、複数回の転職を経て CFO に至った人材で、キャリアを回顧的に語れる年齢という意味で 40 歳以上とした。上記の条件を満たし、研究の趣旨に賛同いただける方の中から、順次、インタビューを行った。8 名のインタビューを終えたところで新たな概念が抽出されなくなったため、理論的飽和と判断した。インタビュー対象者 8 名の内訳は表 3-1 に示すとおり、男性 6 名、女性 2 名、年齢層は 40 歳代 3 名、50 歳代 4 名、60 歳代 1 名である。転職回数は延べ 38 回で、多いひとで 7 回、少ないひとで 2 回、

表 3-1 インタビュー対象者の一覧

	年齢	性別	転職回数 (うち CFO 経験社数)	所属する業種
A	55	男	5 (2)	非鉄金属、消費財、商社、サービス
B	50	女	7 (3)	監査法人、消費財
C	41	男	2 (1)	銀行、商社、ベンチャー
D	40	男	3 (1)	商社、娯楽、サービス
E	60	男	7 (5)	運輸、医療機器、消費財
F	54	男	3 (1)	鉄鋼、小売、監査法人、小売
G	54	女	7 (3)	監査法人、消費財、物流、娯楽
H	46	男	4 (3)	監査法人、家電、小売

平均すると約5回である。経験した業種はメーカー、サービス、金融、小売、商社、監査法人など多岐にわたり、インタビュー対象者は、性別、年齢、業種などにおいて十分分散したものとなっている。

(2) インタビュー方法、分析方法

　インタビューは、2017年1月から5月の間に、表3-2のインタビューガイドラインにもとづきつつ自由に語っていただく半構造化面接の形式で行った。面接時間は、短いもので1時間25分、長いもので2時間18分、平均1時間50分であった。本人の承諾を得て、ICレコーダーに録音し、逐語録に書き起こしたものをデータとした。文字数はトータルで30万5144文字となった。

　インタビューデータの分析にあたっては、木下 (1999, 2003) の修正版グラウンデッド・セオリー・アプローチ (modified grounded theory approach、以下M-GTA) を用いた。キャリア・アダプタビリティは、複雑な社会的相互作用のもとで発揮されるため文脈への深い理解が不可欠であること、本研究は得られた研究成果を現場に還元することを目指したものであること、がM-GTAを採用した理由である。

　なお、分析テーマは「転職を重ねてCFOに就いた人材は、いかなる心理的資源にどのように支えられて転職プロセスを乗り越えるか」とした。また、分

析焦点者は「転職を重ねてCFOに就いた人材」とした。

表 3-2　インタビューガイドライン

これまでのキャリアについて、特に転職経験を中心に、その時の思い、仕事や人間関係の状況など、具体的なエピソードを交えて教えてください。

1. いろいろな困難が予想されるにもかかわらず、転職を通じたキャリアを目指されたのはなぜですか。どのような経緯でそのような思いに至りましたか。
2. 転職は人生の大きな決断になると思いますが、離職を決意し、次の仕事を見つけ、入社を判断し、というプロセスがどのように進んだのか具体的に教えて下さい。
3. 転職を通じて、CFOになるというキャリアが実現できたのは、あなたがどのような人材だったからだと思いますか（態度、考え方、行動パターンなど）。
4. 一番大きな転機となった転職はいつですか。
5. 最大のピンチであった転職は、いつですか。また、どう克服しましたか。
6. 自分と同じような転職を通じたキャリアを目指すひとに教訓として何を伝えたいですか。

3.　分析結果

(1)　ストーリーラインと結果図

　得られたインタビューデータをM-GTAで分析したところ、10の概念と6のカテゴリーが抽出された。ストーリーラインは次のとおりであり、その内容を結果図にまとめたものが図 3-1 である。なお、ストーリーラインではカテゴリーを【　】、概念を〈　〉で表記している。

　（ストーリーライン）

　転職を重ねてCFOに就いた人材（以下、CFO人材）は、初期キャリアにおいて〈自分は曲げない〉という信念と、組織との関係は〈いつかは終わる関係〉との基本認識を持つようになる。これらが結びつくことで、1つの組織に人生を委ねず、望むキャリアは自らの力で手に入れるという【転職人生を生きる覚

悟】を固める。その覚悟が、転職市場で通用するために【自分の売りを磨く姿勢】を支える。

　【自分の売りを磨く姿勢】とは、自分を〈何で売るかの自覚〉の上に〈売りを磨く努力〉を重ねることである。そうした努力により、転職市場で評価される能力やスキルが獲得される。また、それを維持するため〈市場価値への意識〉を強く持つ。

　何らかの事情で、自分の望むキャリアや市場価値が実現しづらくなると、〈今のままでは駄目だ〉という【成長志向】に後押しされ、離職動機が形成される。離職動機が芽生えると、CFO人材は、ただちに新たな職務機会を探索する行動に出る。こうした直接的な行動は〈次の仕事はある〉という【何とかなる自信】に支えられている。

　うまく、転職先が見つかると、最終的には、十分な情報がない中でオファーを受け入れるかどうかの判断をする必要がある。そうした難しい意思決定は〈明確な判断基準〉と〈自分ひとりで決める〉からなる【不確実の中で決める力】が支える。〈自分ひとりで決める〉は〈明確な判断基準〉に支えられ、〈明確な判断基準〉は【自分の売りを磨く姿勢】や【何とかなる自信】に支えられている。

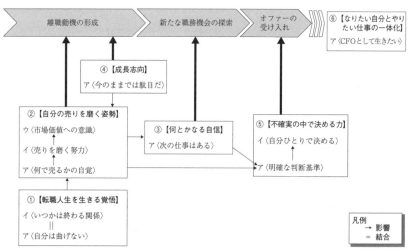

図3-1　CFO人材の転職プロセスを支える心理的資源に関する結果図

　こうした様々な心理的資源に支えられることで、CFO人材は複数回の転職をうまく乗り越えることができる。そうしたキャリアを歩む中で、CFOの地位に就くことは、単なる出世のゴールではなく、〈CFOとして生きたい〉との思いの実現を意味するようになり、実際にCFOになることで【なりたい自分とやりたい仕事の一体化】を通じて、キャリア満足を得る。

(2) 6つのカテゴリーと10の概念
　以下、6つのカテゴリーと10の概念について、インタビューで得られたデータを引用しながら、個別に見ていくことにする。なお、語りのデータの中で、生み出された概念との関わりが深いと考えられる箇所をゴシック体で表記した。

①【転職人生を生きる覚悟】
　CFO人材のキャリアの土台には、1つの組織に人生を委ねるのではなく、望むキャリアは自分の力で手に入れるという【転職人生を生きる覚悟】がある。CFO人材は初期キャリアにおいて、こうした覚悟を固めている。【転職人生を生きる覚悟】は、〈自分は曲げない〉という信念と、どの会社とも〈いつかは終わる関係〉にあるという、組織との関係についての基本認識が結びつくことで形成される。

ア．〈自分は曲げない〉
　〈自分は曲げない〉とは、会社や上司の状況により、自分の望むキャリアが実現できない場合は、会社を変えてでもその実現を目指すという信念のことを指す。
　最初に就職した大企業を飛び出し、5回の転職を重ねつつCFOを歴任し、外資系企業のトップも経験したA氏（55歳）は、入社した会社にそのまま残った同期と比較し、〈自分は曲げない〉のが自分の生き方であったという。

　　結局、僕はそういうふうに、嫌になったら、あらそうって言って上司も見切っ

　てきたし、会社も見切ってきたし、あと、部下も見切ってきたわけですよね。それであるがゆえに、ここまで来れた面があるわけですよね。それは、それなりの悪い面も相当あるわけですけれども、一方で、1つの会社で一生サラリーマン生活を真っ当に送って出世するっていうのは、要は見切りをつけちゃいけない人生なんだと思うんですよね。あらそうって言ってはいけないわけですよね。何とか折り合いをつけて、うまく渡って行かなきゃいけない。僕は、それは全然、自分でできたはずがないなっていうのは思いますよね（A氏）。

　このようにA氏は、自分は会社や上司とうまく折り合いをつけながら、1つの会社で一生を送ることはできない人間であることを自覚しており、また、そうした生き方でなければ望むキャリアは実現できなかったであろうと考えている。

　いくつもの外資系の優良企業で要職に就きながら、自らそのポストを捨てて、別の会社に行く道を選んできたG氏（54歳）は、仕事の価値観の合わない上司と、自分を曲げて一緒に働くことができなかったと語る。

　インテグリティが、それまでの私の上司も上のCFOも非常にインテグリティが高かったと。だめなことはだめと言う。それから言うべきことはちゃんと言うというところがあったんですよね。その後に来た人は、もう何でもあり、数字さえ上げられれば何でもありみたいな。それはちょっとね、私は嫌なんですよ。杓子定規なインテグリティじゃないですけれども、何でもありの裏には、自分が偉くなりたいとか自分はセキュアーしたい自分をプロテクトしたいで何でもありという人とは一緒に仕事はできないです（G氏）。

　G氏は、仕事に対するインテグリティ（誠実さ）に強いこだわりを持ち、その価値観と合わない上司と一緒に働くことはできないと言う。そして、〈自分は曲げない〉こと、自分には会社を変えてでも守りたい価値観があることを自覚している。

　このように、CFO人材は、自分の考えや価値観に強いこだわりを持ち、それが実現できない場合には、自分を曲げるのではなく、会社を去ることで自分を貫く。また、そのような人間であることを自覚している。こうした信念が、1つの組織に人生を委ねるのではなく、自分の手で人生を切り開くという【転

職人生を生きる覚悟】につながっていく。

イ．〈いつかは終わる関係〉

〈いつかは終わる関係〉とは、どの会社との関係であってもそれがずっと続くのではなく、どこかで終わるとの基本認識を意味する。CFO人材は、原因が自分にあるか会社にあるかはともかく、どの会社との関係もいつかは終わる関係だと捉えることで、いまの会社との関係だけにこだわるのではなく、キャリアの将来に広く目を向けるようになる。

上場を控えたベンチャー企業のCFOに転職したC氏（41歳）は、転職直後のタイミングですでに、長い目で見た時には今の状況が続くかどうかわからないとの覚悟を示している。

> まあ、そうは言っても、やはり会社のフェーズであったり、社長と自分の年齢であったり、まあそういうのによって**考え方、ニーズ、合い方っていうのは変わってくる**みたいなことはあるみたいでして。そこら辺は、なので、僕も今はすごくうまくN社でやっているなと思いますし。まあ、それがすぐに終わるとは思わないものの、**5年10年っていうスパンで見たとき、それが本当に続くのかどうかはわからない**なと。自分も変わるだろうし、社長も変わるだろうし。まあ、それを取り巻く環境も変わるだろうしみたいなところで（C氏）。

C氏は新任のCFOとして、スタートを切った時点において、5年先10年先には、自分も上司も環境も変わるので、その状態が続くかどうかはわからないという。このようにC氏は、会社との関係は永続的なものではなく、〈いつかは終わる関係〉との基本認識を持っている。

5回の転職経験の中で、自発的な転職も非自発的な転職も経験してきたA氏は自分の場合は、転職は必然のように起こるという認識を示す。

> 私の場合は結局、転職人生に1回入ると、まず、**転職って自分で選んだ場合でも、そうでない場合でも、勝手に転職するものなんですよね。**まず、起きちゃうものなわけですよ（A氏）。

「勝手に転職するものなんですよね」と語るように、A氏は、どこかの会社

に定着することは考えていない。〈自分は曲げない〉ことで自ら会社を去ることもあれば、CFOのようなトップクラスの職位の場合は、会社から退任を求められるケースもあるため、これからも転職は続くものだと覚悟している。

このようにCFO人材は、〈自分は曲げない〉という信念と〈いつかは終わる関係〉という組織との関係についての基本認識を合わせ持つことで、【転職人生を生きる覚悟】を固める。この覚悟がいつでも転職できるよう準備を怠らない【自分の売りを磨く姿勢】につながっていく。

②【自分の売りを磨く姿勢】

CFO人材は【転職人生を生きる覚悟】の上に立って、【自分の売りを磨く姿勢】を続けることにより、転職市場で通用する能力やスキルを蓄積し、CFOというポジションへ歩み始める。【自分の売りを磨く姿勢】は〈何で売るかの自覚〉〈売りを磨く努力〉〈市場価値への意識〉の3つの概念で構成される。

ア.〈何で売るかの自覚〉

〈何で売るかの自覚〉とは、上司、同僚、顧客などからのフィードバックを踏まえ、どのような点を自分のアピールポイントとするか自覚することを意味する。今回、インタビューした8名のCFO経験者全てが自分のアピールポイントを明確に自覚している。

米国の会計事務所の出身で、その後、消費財、物流、エンターテインメントなど幅広い事業で活躍してきたG氏は、会計事務所時代にいろいろな会計士を見て、自分の強みは会計の高い専門知識とビジネスに対する理解力のバランスの良さだと感じたと語る。

> よく言うんですけど、プラクティスディベロップメントパートナーとテクニカルパートナーみたいな言われ方をするんですよ。要するに、お客様、今はそんなことないですけど、当時はやっぱりお客様、クライアントと仲よくしてお客様をリテインしていくタイプ、それから非常にテクニカルに強くてテクニカルスキルでポジショニングされていく方、<u>多分、私はそのミックスができるなと思ったん</u>

　でしょうね。…うん。ある意味バランスの良さ（G氏）。

　このように、G氏は、会計事務所時代に、会計のテクニカルなスキルを土台としつつも、ビジネスそのものを深く理解できることが自分の強みだと感じ、その思いをもとに、その後事業会社で経験を積み、経理や財務だけでなく、企業の価値創造にコミットするCFOへの成長を果たしている。

　理系出身でありながら、管理会計が自らの天職だというC氏は、数字の強さと社交性が自分の強みであると語る。

　　多分、数字の強さと社交性みたいのがあるんですよ。…管理会計も、やはり、
　　数字に弱い人はだめなんですよね。こいつが集計した売上高、間違えているみた
　　いだと話にならないので。数字に強い必要はあるんですけど、その数字を使って
　　会社を動かさないといけないので。…それを人に伝えて、その人の行動を変えて
　　いかないといけないんですよね。ふだんから社交、まあまあ。コミュニケーショ
　　ンとっておいて、相手のこととか、ビジネスもだし、その人の考え方もだし、理
　　解しておくみたいなのが必要で、そこら辺がそろうといい管理会計の人になれて、
　　割とそこら辺を必要な素養をたまたま持っていたと（C氏）。

　C氏は理系出身として鍛えた数字の強さと、数字を使ってひとを動かすためのコミュニケーションに必要な社交性の2つの素養が揃っていることが自分の強みであり、その強みを活かすことで後に、ベンチャー企業のCFOへの道を実現している。

　このようにCFO人材は、それぞれに〈何で売るかの自覚〉がある。自らの強みを自覚することで、今後どのような実力を磨き、転職時のアピールポイントにするかの方針が定まり、次に述べる〈売りを磨く努力〉や〈市場価値への意識〉につながっていく。

イ．〈売りを磨く努力〉

　〈売りを磨く努力〉とは、〈何で売るかの自覚〉で見定めた自分のアピールポイントが、実際の転職時に評価されるよう、怠らずに努力を続ける姿勢のこと

をいう。

　D氏（40歳）は、経理の専門性×英語力×MBAという掛け算により生み出される人材としての希少性が自分の売りになると考えて、経理部門での実務経験の上に、英語力、会計士資格、MBAといった能力や資格を一つひとつ積み重ねてきたと語る。

> 　僕も経理のキャリアとして少し自信がついてきて、自分に足りないのは、ちょっと英語の部分が足りないと思っていると、だから、英語の使える環境の会社に行きたいと思ってるんですって言ったんですね。（中略）アメリカで今度は英語で仕事をするようになったんで、アメリカのCPA（米国公認会計士資格）っていう資格が、ちょっと勉強をすれば取れるなって思ったんですよ。せっかくだ、この機会だからアメリカのＣＰＡを取ろうと思って。（中略）CPAっていう資格を持っていることが、どちらかというと、自分の可能性を狭めるなっていうふうに感じて来たんですよ。そのときに、じゃあ、何やるんだろうって思って、MBAをやろうと（D氏）。

　D氏は、著名な経営者のもとで投資検討のプロジェクトメンバーとして鍛えられるなど、厳しい実務経験を積んでいるが、それに慢心することなく、少しでも余裕があれば、新しい能力や資格を積み上げるという〈売りを磨く努力〉を続け、後に人材紹介系の外資系企業からCFOとして招かれるというキャリアを実現している。

　公認会計士の資格を持ちながら、営業や人事など、幅広い分野で実務経験を積み、ビジネス寄りのCFOとして活躍を続けるH氏（46歳）は、〈売りを磨く努力〉として、キャリアのつながりをうまく作ることに腐心してきたと語る。

> 　一番やはり気にしたのって、キャリアがとばないようにと思っていて。T銀行からB監査法人も、B監査法人からU電機も、見た目キャリアがとんでいるのですけれども、（中略）ただ、そういう、例えば、人事との経験と経理の経験をつなげて事業企画の部長をやったりとか、そういう人事の経験をつなげて、アメリカの管理部門の仕事を自分からつくっていったりとか。まず、転職先を選ぶときに、やはり、ある程度つながりとかテーマを持ってやるべきだ、それでやってきて（H氏）。

このようにH氏は、公認会計士として培った会計の専門性を基軸にしつつも、営業、人事、経営企画など幅広い業務を経験し、それらを会計という基軸にうまくからめることで、経理、財務担当役員の役割を越えて、経営戦略の策定や執行に関わるCFOになるという自分の夢を実現している。

事業再生のマネジメントが自分の売りだと自覚するF氏（54歳）は、監査法人を退職した後に事業会社に勤めず、個人でコンサル会社を立ち上げる道を選んだ理由を、次のとおり説明する。

> 特にX監査法人でいろいろな会社のケースをやはり目の当たりにしてきて。そういった意味では、何でしょう、やはりなかなか人が経験できないことを経験させてもらったので、何とかこれを生かしたいなという思いも強かったのですね。ですので、1つの会社に入って、その会社のためだけに自分のいろいろな今まで培ったものを投入するというよりも、もっとたくさんの会社にそれをフィードバックしながら。逆に、やはりそういった案件を数多くこなすことによって、自分自身もやはりインプットするものがまだまだたくさんあるだろうと思って（F氏）。

F氏は、監査法人時代の経験だけでなく、個人で立ち上げたコンサル会社を通じて、より多くの事業再生案件に関わることで、自分の〈売りを磨く努力〉を続け、後に、ファンドが投資する小売業のCFOに就いている。

このようにCFO人材は、能力や資格を一つひとつ積み重ねる、キャリアのつながりをうまく作る、同一分野で多くの経験を積むなど様々な方法で〈売りを磨く努力〉を続け、転職時の評価を確実なものにする。

ウ. 〈市場価値への意識〉

〈市場価値への意識〉とは、転職市場から見た自分の市場価値を常に意識し、その維持、向上に最大の関心を払う態度のことをいう。CFO人材は〈売りを磨く努力〉を続けると同時に、転職市場で評価されるようになった能力やスキルの価値が下がらないよう細心の注意を払う。〈市場価値への意識〉を強く持ち、このままでは、自分の市場価値が高まらない、あるいは、下がりそうだと感じると、すみやかにその仕事を辞めて新しい職場に移るという行動に出る。

　勤めていた銀行が合併を決めたことを契機に最初の転職を決めたC氏は、合併により、将来、自分の業務スパンが狭くなり、自分の市場価値が下がってしまうことを恐れて、転職を決意したという。

　　もう仕事全然、最初の6分の1ぐらいになっちゃうんじゃないかみたいな。そうなったら、あの、そこでしばらくやってしまったら（中略）自分が期待するような市場価値ではない人間になっていくよねと。なので、そこはもう早めに動いておかないと、自分の価値がどんどん目減りするぞ、みたいなのも思ったんですよね。なので、合併が発表されてからもう1、2か月で転職してしまっているんですけど。もう自分の価値が減る前に（C氏）。

　このようにC氏は、〈市場価値への意識〉を強く持ち、合併により実際に何かが起こる前に、そのまま残っていては自分の市場価値が低下するリスクが高いと見越して転職を決断している。

　国内で経理実務の経験を積んだ後、米国駐在で英語力を高め、また、駐在期間中に米国公認会計士資格を取得したD氏は、帰国後に地方勤務となったことを契機に、転職を決めている。その際の思いを次のように語る。

　　アメリカに3年いて、今度静岡に行きました。静岡にいて2か月、3か月、4か月ぐらいだな、4か月ぐらいたって、もう会社を辞めますっていうふうになったんです。
　　［それは、なぜですか］
　　それは、まず、アメリカにいて、せっかくグローバルで通用するようなキャリアになりつつあると、CPAの資格も取ったと。（中略）ここにこのままいると英語力も落ちていくし、何か築きあげてきた、築いたものがどんどん劣化していくんじゃないかって思ったのが1つですね（D氏）。

　D氏は、米国駐在で自分の市場価値が高まったことを意識する一方で、地方勤務のままでは英語力など、グローバルなキャリアにつながる自分の市場価値が劣化すると考え、短期間のうちに転職の決意をしている。CFO人材は、将来の転職の可能性を見据えて、〈市場価値への意識〉を常に持っており、今の仕事を続けていては、それが高められない、あるいは脅かされると判断すると、躊躇なく離職を考える。

　このようにCFO人材は、〈何で売るかの自覚〉の上に〈売りを磨く努力〉を重ねることにより転職市場で評価される能力やスキルを獲得する。そして、〈市場価値への意識〉を強く持つことで、その価値の劣化を防ぐ。これらが一体になった【自分の売りを磨く姿勢】を通じて、転職市場における評価を常に高い状態に維持し、その評価を武器にCFOへの道を切り開いていく。

③【何とかなる自信】

　CFO人材は離職動機が芽生えると、ただちに新たな職務機会を探索する行動に出る。こうした直接的な行動をとるのは、【何とかなる自信】に支えられているからである。離職を決意する際、普通のひとであれば、次の仕事は見つかるのか、辞めると決めたことを後悔しないかといった不安がつきまとうであろう。また、いざ転職先を決める場合にも、新しい会社は思ったような会社だろうか、すぐに辞めることになった場合に、次の転職先は見つかるだろうか、といった不安がよぎるであろう。転職には、こうした不安が避けられない中で、CFO人材の大胆な転職活動を支えるのが〈次の仕事はある〉との見通しに支えられた【何とかなる自信】である。

　ア.〈次の仕事はある〉

　〈次の仕事はある〉とは、今の仕事を失ったとしても、自分を雇う会社を他に見つけられるという見通しである。〈次の仕事はある〉との見通しが【何とかなる自信】を生み、その自信が新たな転職に立ち向かう際の支えになる。

　H氏は、米国駐在を経験したあとの転職活動において、応募した7、8割の企業で面接に進むなど、「駐在の威力がここまであるのか」と思うほど、引く手あまたの経験したことで〈次の仕事はある〉との確信を得ている。そして、そこから生まれた自信が、その次の転職において、ファンドの投資先というリスクのあるポジションに挑戦する支えになったと語る。

　　O社（国内メーカーの米国子会社）からL社（国内のゲームソフト会社）に移ったときも、そんな状態だっていうのはやってみないとわからなかったので、<u>駐在</u>

の威力がここまであるのかっていうのは、応募してみて初めてわかった（中略）
前回は、やはりもうちょっと安定して働きたいというのがあったのですけれども、
今回（ファンドの投資先への転職）は、まあ失敗してもなるようになるし、何と
かなる。まあ家族を食べさせるぐらいのことは、多分できるだろうというので
（H氏）。

　H氏は〈次の仕事がある〉との見通しが立たない時には、安定して働ける会
社を選んでいるが、〈次の仕事はある〉との確信ができたことで、雇用面での
リスクがあるポジションに挑戦する勇気を得ている。
　同様に、D氏は自分の経歴に対する人材紹介会社のエージェントの反応から、
〈次の仕事はある〉との見通しを得て、躊躇することなく転職を決めている。

　　そのときの私の経歴をエージェントにすると、ああ、もう転職先幾らでもあり
　ますよっていう感じだったんですよ。（中略）M社にいたのとアメリカ、英語力
　の部分とCPAの部分、年齢もあれだったんで、もういくらでも売れますっていう
　感じだった。だから、そのときは、もう何も怖いものはなくて、まあ、これはい
　けるから、先に会社辞めちゃってもいいや。なので、転職先が決まらずに、辞め
　ました（D氏）。

　転職する場合は、次の仕事がタイミングよく見つかるかどうかのリスクがあ
るため、次の会社が決まってから離職するケースが大半だと考えられるが、D
氏は〈次の仕事はある〉との確信を得たため、転職先を決めずに会社を辞めて
いる。
　米国の会計事務所や外資系の一流企業での実務経験を土台に、7回の転職を
重ねたG氏は、これまで常にヘッドハンターから声がかかる存在であった経
験から、仮に1つの転職に失敗しても何か〈次の仕事はある〉との自信を確立
している。

　　［誰からお話があったんですか］
　　これもエージェントです。
　　［それはまた向こうからどうですかというお話が］
　　私、自分から登録して仕事を探してくださいって言ったことはない。（中略）辞
　めたっていくらでもほかのオポチュニティーはあると（中略）私はどこでも売れ

るから、どうにでも、嫌だったら辞めて次へ行けばいいわっていうトーンじゃなくて、だめだったらそれはそのときかなと。食いっぱぐれはしないだろうと（G氏）。

　このようにCFO人材が、大きな不安を感じることなく、思い切りよく転職活動に踏み切ることができるのは、〈次の仕事はある〉という【何とかなる自信】に支えられているからである。なお、この自信は〈売りを磨く努力〉で蓄積した能力やスキルが、実際に転職する際に、企業や人材紹介会社のエージェントに高く評価されることで形成される。

④【成長志向】

　CFO人材には、現状に安住せず新しい仕事への挑戦を続けたい、自分を成長させる仕事にチャレンジしたいという【成長志向】がある。仕事がマンネリ化するとか、自分の市場価値向上が見込めないといった状態になると、【成長志向】がCFO人材を後押しして、転職に向かわせる。【成長志向】は〈今のままでは駄目だ〉という一概念で構成される。

　ア．〈今のままでは駄目だ〉

　〈今のままでは駄目だ〉とは、今のままの状態を長く続けるのではなく、あるべき自分を目指して成長を続けたいという思いを意味する。

　B氏（50歳）は、安定した外資系の優良企業に勤務していたにもかかわらず、あえて、ハイリスクが予想されるプライベート・エクイティの会社に転職した時の気持ちを次のように語る。

　　もう自分の与えられたここだけ一生懸命、見てきれいにやるっていう感じなので、やっぱりMBAとかでしっかり勉強してきた人とか会計事務所でしっかり1社のP/L, B/S見てる人って、物足りなくなっちゃうんですよね。で、結構、私も同期で入った人が優秀な人たちが1人辞め2人辞めっていって、かなり抜けていったんですね。そういう中で、私もD社はいい会社だったけれども、すごく辞めたいとか何かありっていうわけではないんだけど、断続的にどこかいいところはないかなみたいな感じで（B氏）。

　このようにB氏は、P/LやB/Sの一部だけしか見られない仕事に物足りなさを感じ、また、他の優秀なひとたちが辞めていくのを見て、〈今のままでは駄目だ〉と感じて転職を決めている。

　また、部下150名のCFOの地位を自ら手放し、新しい会社に移る決意をしたG氏は1つのポジションに長く留まるのは、自分の目指す姿ではないと語る。

> 　楽になってくるんですよ。7年も8年も回してると、もう大体、何が起こっても動じないで対処できちゃうんですよね。そういう意味では退屈になってくるのかもしれないですね。
>
> [じゃあやっぱりGさんを動かしてるのは常に成長し続けたいという、成長意欲みたいなところですか]
>
> 　それは、あると思います。と同時に、やっぱり私そのポジションに7年とかいたわけですよね。そのままそこにいると要するに10何年、20年近くそこにいることになると。それって私の理想とする姿じゃないんです（G氏）。

　このようにCFO人材は、同じ状態が長く続く、あるいは、挑戦しがいのある仕事がなく、自分の市場価値が高められないという状況に陥ると、【成長志向】に後押しされて、転職を考えるようになる。そして、環境を変えることで、さらなる成長に向けて挑戦を続ける。

⑤【不確実の中で決める力】

　転職プロセスの最終段階では、相手先企業の情報が十分にない中で、その会社に行くかどうかの最終判断を下さねばならない。この難しい意思決定を支えるのが【不確実の中で決める力】である。【不確実の中で決める力】は、〈明確な判断基準〉と〈自分ひとりで決める〉の2つの概念から構成される。

ア．〈明確な判断基準〉

　〈明確な判断基準〉とは、新たな仕事先を決める場合の判断基準が明確であることを意味する。〈明確な判断基準〉があるおかげで、複数の選択肢の中からどの会社を選ぶか、オファーがあった場合に受けるのか受けないのかの判断

をスムーズに行うことが可能になる。

　CFOに至るキャリアによく見られる外資系の道を選ばず、国内企業にこだわって転職先を決めたC氏は、転職先を決めるにあたっての自らの判断基準について、次のように語る。

> 　自分で決めるにあたっては、必ず、やはり判断基準というのは設けるようにしていますね。なので、まあまあ転職であれば、やはり、わかりやすく言うと、自分の強みが生きるんですよ。なので、まあ僕も英語しゃべれないわけではないので、外資からも話は来るんですけど、外資はやっぱりお断りしていたんですよね。…僕って、ルールを作る側が得意な人間なんですよね。自分の分析としては。それが強みだと思う。…なので、ルールを作る側。そうなると、子会社側ではだめなんですよ。…本部、本社側にいないといけないというところを、僕なんかだったら一つの基準に、結構強い基準にしていました（C氏）。

　C氏は、自分の強みを分析し「ルールを作る側にいる」ということを〈明確な判断基準〉としたため、子会社側となる外資系は選ばなかったと語っている。この場合の〈明確な判断基準〉は、どのような能力で自分を差別化するのかについての考え方と深く関わっており、【自分の売りを磨く努力】に影響を受けていると理解できる。

　数多くの業種を渡り歩き、入社前の予想が良い意味でも悪い意味でも裏切られた経験があるというH氏は、転職を決める場合の判断基準について次のように語る。

> 　本質的には、入ってみないとわからない。もう、例えば、100 わかっていたとしたら、5 か 6 ぐらいはわかるかもしれないのですけれども、勉強したら 7 ぐらいはわかるかもしれない。60 とか 70 わかるというのは、面接とかでは無理だと結論づけています。だから、最後はもう直感で。（中略）さっきの言ったこと、一見、矛盾しそうなのですけれども、要は、転職活動をしている間はきちんとキャリアのつながりとかを考えてやって、もう選ぶときは、一緒です。もう自分のフィーリングしかないです（H氏）。

　H氏は、転職活動においては、自分のキャリアがうまくつながるかという点に留意して転職先候補を絞り、最後は直感で決めるということを判断基準に

しているという。こうした論理と直感の組み合わせが、H氏の〈明確な判断基準〉である。この論理の部分は【自分の売りを磨く姿勢】に、直感の部分は【何とかなる自信】に支えられていると理解できる。

このようにCFO人材は、【自分の売りを磨く姿勢】や【何とかなる自信】に支えられた〈明確な判断基準〉を持つことで、不確実の中にあっても思い切った意思決定をすることが可能になる。

イ. 〈自分ひとりで決める〉

〈自分ひとりで決める〉とは、自分のキャリアを誰にも相談しないで決める態度のことを指す。CFO人材は、転職の意思決定をする場合に誰かに相談するのではなく、〈自分ひとりで決める〉点が特徴である。

日本を代表する優良企業K社に入社し、父親がその会社の役員であったにも関わらず、その会社を辞めると決めたE氏（60歳）は、その会社を退職した時のことを次のように語る。

> このときはね、37, 38歳ぐらいで、そのときは葛藤はなかったですね。女房にも相談しなかった。そのとき子供が2人いたし。小さい子が2人いたし。借金は3000万円あるし。父親はK社だし。誰にも相談しないで、自分一人で決めた。オファーレターにサインをして、サインをして、覚えてますけども、ホテル・オークラ新館の公衆電話から、あのときは公衆電話ですな、携帯がなかったから。父親に電話をしたんです。その当時K社の役員だった父親に（E氏）。

E氏は、この時転職した外資系企業から誘いを受ける前に、K社を退職することを心に決めており、転職そのものも誰にも相談しないで決めたと語っている。

同様に、いずれの転職も誰にも相談しなかったというA氏は、次のように語る。

> ［人に相談したりだとか、誰かの助けを借りたりは］
> しないですね。
> ［それは、されないんですか］

　　しない、しない。しないし、まずKさん（筆者）と話しててすごい感じるのは、
　　Kさんは深くお考えになる方なんだなっていうのをすごい改めて思いましたよね。
　　（中略）
　　やっぱり僕の転職って、要するに誰にも聞いてもいないわけですよね。あまり
　　聞いてない。もちろん、聞いてはいるけど。それはなぜかというと、自分の中で
　　ストーリーがあるからなんですよね、きっと（A氏）。

　「自分の中でストーリーがあるからなんですよね」というように、A氏の〈自
分ひとりで決める〉という行動は、単なる性格というよりも、自分のストー
リーにもとづいた〈明確な判断基準〉があるために、ひとと相談する必要が生
じないからだと理解できる。
　このように〈明確な判断基準〉が〈ひとりで決める〉を支え、この2つがセッ
トになることで、CFO人材は【不確実の中で決める力】を獲得し、情報が十
分にない中であっても思い切った転職の判断ができるようになる。

⑥【なりたい自分とやりたい仕事の一体化】
　CFO人材は、様々な心理的資源に支えられ、複数回の転職をうまく乗り越
えるうちに、あるべきCFOの姿を自分の手で実現したいとの思いが高まる。
CFOの地位を目指すことが、単なる出世のゴールとしてではなく、〈CFOと
して生きたい〉という思いを実現するためになる。そのため、CFOの職に就く
ことで、【なりたい自分とやりたい仕事の一体化】が実現し、大きなキャリア
満足を得ることができる。

　ア．〈CFOとして生きたい〉
　〈CFOとして生きたい〉とは、自分の能力、資質を最大限に発揮して、ある
べきCFOの姿を実現したいとの欲求を意味する。
　最初の就職先、転職先の監査法人、その後自分が立ち上げたコンサル会社で
一貫して事業再生の経験を積んだF氏は、CFOを目指した理由を次のように
語る。

　　そうですね。いろいろ会社とか組織はいろいろ変わってきたけれども、やって
　きた業務そのものは、実は一本筋のところを実は歩んできたのではないのかなと
　自分なりには思っていて、だったらそれを突き詰めて、<u>自分自身としても、それ
　から世間の人たちからも「あの人はプロのCFO」と言っていただけるように最後
　頑張ってそういうキャリアで終われたら、まあ自分のビジネス人生も幸せなのか</u>
　なあと思って（F氏）。

　F氏は、キャリアが終盤を迎える中で、それまでに事業再生の分野で培っ
た経験を集大成して、それを発揮したいとの思いから、事業再生中の会社の
CFOに転職している。
　数字を読む能力を自分の売りだと考え、その能力に磨きをかけてきたB氏
は、CFOになりたいと思った動機は、もっと数字をしっかり読みたい、いい
仕事をしたいということであったと語る。

　　そのときに、結局、こんなに社長と直でやりとりすると、こんなにいろいろな
　情報が入って、会社がこういうふうに動いてるっていうのがわかるんだと思って
　…。数字をよく理解するためにはFP&A（予算と財務分析）だけじゃだめで経理
　も見ないとより深い仕事ができないんだと思って、そこで私はもう一段上に行か
　なくちゃいけないなっていうふうに、<u>そのときに職人さん的に思った。いい仕事
　をするためにはもう一段上に行かないと、ここの仕事すらいい仕事ができないと
　思って、ああ、じゃあ自分はCFOになろうって、そのときに思いました</u>（B氏）。

「数字をよく理解するために」「いい仕事をするために」というように、B氏
にとってCFOを目指す動機は、金銭や権限の獲得ではなく、数字を読む能力
を活かして、納得のいく仕事をしたいという思いである。
　日本企業の米国子会社やファンドの投資先でCFOを歴任してきたH氏は、
自分がやってきたCFOの仕事について次のように語る。

　　私のCFOの定義は、極論したら経理5割ぐらいで、ビジネス系に寄り添った感
　じが5割ぐらいかなということでしたと。という意味で、前任者のやっていた仕
　事を、前任者も一応CFOという肩書はそれぞれについていたのですけど。正直、
　彼らがやっていた仕事の半分ぐらいしか、私は今やっていない。過去もやってき
　ていない。（中略）前任者の仕事、どの会社でも前任者の仕事をある程度整理して、

自分なりのCFO職を埋め込んでいったので、結果的には３社で似たようなテリトリーで、似たような範囲で、自分でそういうテリトリーになるようにつくり込んでいった（H氏）。

「自分なりのCFO職を埋め込んでいった」と語るように、H氏は自分の個性や経験を活かした理想のCFO像のイメージを持ち、実際にCFOのポジション

表3-3　CFO人材の転職プロセスを支える心理的資源に関する分析結果

カテゴリー		概念	定義	出現頻度（人）
①	【転職人生を生きる覚悟】	〈自分は曲げない〉	望むキャリアが実現できない場合は、会社を変えてでもその実現を目指すという信念	6
		〈いつかは終わる関係〉	どの会社との関係であってもどこかで終わるという基本認識	7
②	【自分の売りを磨く姿勢】	〈何で売るかの自覚〉	どのような点を自分のアピールポイントとするか自覚すること	8
		〈売りを磨く努力〉	自らのアピールポイントが、実際の転職時に評価されるよう努力を続ける姿勢	7
		〈市場価値への意識〉	転職市場から見た自分の市場価値を常に意識し、その維持、向上に最大の関心を払う態度	7
③	【何とかなる自信】	〈次の仕事はある〉	今の仕事を失ってとしても、自分を雇う会社を他に見つけられるという見通し	5
④	【成長志向】	〈今のままでは駄目だ〉	今のままの状態を長く続けるのではなく、あるべき自分を目指して成長を続けたいという思い	6
⑤	【不確実の中で決める力】	〈明確な判断基準〉	新たな仕事先を決める場合の判断基準が明確であること	7
		〈自分ひとりで決める〉	自分のキャリアを誰にも相談しないで決める態度	4
⑥	【なりたい自分とやりたい仕事の一体化】	〈CFOとして生きたい〉	自分の能力、資質を最大限に発揮して、あるべきCFOの姿を実現したいとの欲求	8

（注）出現頻度：その概念に関わる言及が8名のうち何名であったかを示す。

に就くことによって、その理想のイメージを実現している。

　このように、CFO人材にとって、自分の専門性と資質を最大に活かして、理想のCFO像を実現すること、すなわち、【なりたい自分とやりたい仕事の一体化】がゴールであり、こうした状態から得られる大きなキャリア満足が、不確実性を伴うキャリアを歩みつづけるモチベーションにつながると考えられる。

　これまで述べてきたカテゴリーや概念は、表3-3のとおりまとめることができる。

4.　分析結果の考察

　この章では「転職を重ねて経営幹部職に就いた人材は、いかなる心理的資源にどのように支えられて転職プロセスを乗り越えるか」をリサーチクエスチョンとし、転職を重ねてCFOの地位に就いた人材を調査対象として分析を行った。

　分析結果を改めて要約すると次のとおりとなる。CFO人材はまず【転職人生を生きる覚悟】を固める。こうした覚悟ができることで、目指すキャリアの実現に向けて【自分の売りを磨く姿勢】を続けることが可能になる。キャリアを歩む中で、仕事のマンネリ化や、何らかの事情で自分の市場価値の向上が見込めない状態になると、【成長志向】がCFO人材を後押しして、離職動機を生じさせる。離職動機が芽生えると、CFO人材は【何とかなる自信】に支えられ、ただちに、新たな職務機会の探索に向かう。そして、転職先が見つかると、転職先の情報が不十分であっても【不確実の中で決める力】に支えられて、最終判断を下す。いくつかの転職を乗り越える中で、【なりたい自分とやりたい仕事の一体化】が実現し、大きなキャリア満足を得ることができる。

　この分析結果をSavickas (2013) が示すキャリア・アダプタビリティの4次元（関心、コントロール、好奇心、自信）に照らして考えると、次のとおりと理解される。

　まず、【転職人生を生きる覚悟】と【自分の売りを磨く姿勢】は、「関心」に相当する。「関心」とは、将来に向けた準備に対して、向き合い、関わっている程度であり、その本質は、未来志向の計画性である。CFO人材は、【転職人生を生きる覚悟】という未来展望を持ち、【自分の売りを磨く姿勢】を通じて、自分のキャリアに必要な準備を進めていく。

　【何とかなる自信】は、「自信」に相当する。「自信」とは、問題解決や障害を克服する能力についての確信の程度を指し、その本質は将来に対する自己効力感である。転職を繰り返すキャリアを歩むには、辞めたいと思ったタイミングで満足できる次の仕事を見つける自信や、転職した先が失敗とわかった場合にそうした状況を切り抜ける自信が不可欠である。困った状態に陥っても【何とかなる自信】があることで、過度に慎重になったり、不安に悩まされたりすることなく、転職を重ねることが可能となる。

　【成長志向】は「好奇心」に相当する。「好奇心」とは、仕事機会を求めて自己と環境を探索し、情報を集める程度を意味し、その本質は将来につながる機会探求の態度である。CFO人材は、現状に安住せず、新しい挑戦を続けたいという【成長志向】に支えられることで、リスクがある中でも転職に立ち向かい、転職という転機を乗り切ることで、幅広い専門能力を獲得する。

　最後に、【不確実の中で決める力】は、「コントロール」に相当する。「コントロール」とは、意思決定について真面目で責任を持つことで示される自律の程度を意味し、その本質は意思決定能力である。転職を繰り返すキャリアにおいては、情報に限りがある中で、人生を左右するキャリアの意思決定を行わねばならない。【不確実の中で決める力】が備わっていることにより、CFO人材は、情報がない中でも思い切った判断をすることが可能になる。このように、CFO人材には、キャリア・アダプタビリティの4つの次元が備わっているといえる。

　転職プロセスとキャリア・アダプタビリティの4次元がどう関係しているかを整理すると、まず、離職動機については、「関心」と「好奇心」の影響を受けて生み出される。次に、新たな職務機会の探索においては「関心」が生み出した「自信」がそのプロセスを支える。最後に、転職先からのオファーの

受け入れについては、「関心」と「自信」が生み出す「コントロール」が不確実な中での意思決定を支える。以上の内容を整理すると、表3-4のとおりとなる。

表3-4 キャリア・アダプタビリティの4次元とCFO人材の心理的資源の関係

CFO人材で確認された心理的資源	キャリア・アダプタビリティ次元	影響を与える次元	影響を与える転職プロセス
1. 【転職人生を生きる覚悟】 2. 【自分の売りを磨く姿勢】	関心	自信 コントロール	離職動機の形成
3. 【何とかなる自信】	自信	コントロール	新たな職務機会の探索
4. 【成長志向】	好奇心	関心	離職動機の形成
5. 【不確実の中で決める力】	コントロール	——	オファーの受け入れ

5. まとめ

最後に、本研究の理論的貢献、実践的貢献、および、限界について触れておきたい。冒頭で指摘したように、これまでのキャリア・アダプタビリティの研究は、定量研究が中心であり、具体的なキャリアの転機において、キャリア・アダプタビリティの各次元が全体としてどのように機能し、適応行動や適応結果をもたらすかについては、あまり明らかにされてこなかった。

本研究は、転職を重ねてCFOに就いた人材という限られた事例ではあるが、こうした人材がいかなる心理的資源に支えられて、転職という不確実性の高い転機を乗り越えながら、最終的にキャリア満足といった適応結果を実現するのかを明らかにした。キャリア・アダプタビリティの各次元の具体的内容とそれらが全体として適応行動や適応結果をもたらすメカニズムを示した点が本研究の理論的貢献だといえる。

本研究の実践的貢献の1点目は、本研究の分析焦点者のように、転職を重ねながら専門性を高め、経営のポジションに就くことを目指す個人に対し、仕

事の専門知識以外に身につけるべき心理的資源を具体的に示した点にある。転職が珍しいことではなくなったとはいえ、転職を繰り返しながら、経営のポジションに到達するというキャリアはまだ珍しく、ロールモデルが少ない。本研究は、そのようなキャリアを歩むには、内面にどのような心理的資源が備わっている必要があるかについて、実践的な示唆を与えたといえる。

　2点目は、キャリア・カウンセラーなど、本章で取り上げたような人材のキャリアを支援する立場にあるひとへの示唆である。本研究が示したとおり、転職を続けながらキャリアを歩むためには、仕事上の能力だけではなく、【何とかなる自信】【成長志向】【不確実の中で決める力】といった、自信、好奇心、コントロールといった次元での態度や能力も重要な役割を果たす。こうした次元がバランスよく発達していなければ、転職を伴うキャリアをうまく歩むことができないであろう。転職を伴うキャリアの中で悩みを抱えるクライアントの支援にあたり、幅広い次元の発達に目を向けることの重要性を示したといえる。

　最後に、本研究の限界の1点目は、本研究の調査対象者がCFOの地位に就いた、いわゆる成功者のみであるということである。ここで分析されているインタビューデータは、結果的に成功した人材の体験談であり、本人が考える成功要因についての語りである。しかし、当該キャリアを歩むために必要なキャリア・アダプタビリティを客観的に抽出するには、同様のキャリアを望みながら、うまくいかなかった人材についても、インタビュー対象に加え、どのような態度や能力が欠けていたから、行き詰まったのかという分析を行う必要がある。

　2点目は、CFOに至るキャリアの途上で遭遇する解雇や解任など、順調なキャリアから逸脱したケースについての分析の不足である。本研究の調査対象者の中にも、解雇や解任を経験したひとや、そのことで無職の時期を比較的長く過ごした人材が含まれている。こうした経験は決して特殊なものではなく、キャリアにおいては、十分想定されるものである。今回は、事例が少ないため、そうしたケースについて十分踏み込んだ分析ができなかったが、キャリア上のトラウマにどう向きあい、何を支えに過渡期を乗り越えるのかについて

は、今後、理解を深めていく必要がある。

　最後に、本研究は得られた成果を、実際にキャリアを歩む個人にフィードバックし、実践に役立ててもらうことを目指したものである。また、M-GTAでは、そうしたフィードバックが理論の検証になるとともに、理論 → 実践 → 理論というフィードバックループが回ることで研究が発展すると考えられている。本章で述べたことが、多くのビジネスパーソンが不確実性の中で行動を起こすヒントとなり、彼ら/彼女らの実践がフィードバックされることで、さらに理論が発展することを期待したい。

引用文献

あずさ監査法人・KPMG編著 (2008).『CFOの実務 ― 企業価値向上のための役割と実践』東洋経済新報社.

安藤秀昭 (2015).『Professional CFOを目指すキャリア戦略』中央経済社.

木下康仁 (1999).『グラウンディド・セオリー・アプローチ ― 質的実証研究の再生』弘文堂

木下康仁 (2003).『グラウンディド・セオリー・アプローチの実践 ― 質的研究方法への誘い』弘文堂

Savickas, M.L. (2013). Career construction theory and practice. In S. D. Brown & R. W. Lent (eds.). *Career development and counseling: Putting theory and research to work*, *2*, (pp.147-183). John Wiley & Sons.

第4章
持続可能なキャリアにおける成長のチャンス
── キャリアショック ──

キーワード　キャリアショック、偶発的要因、文脈要因

　グローバル化の加速、情報技術の飛躍的発達、地球環境問題の深刻化などにより、キャリアの不確実性が高まる中、キャリアショックと呼ばれるキャリアに大きな影響をもたらす偶発的要因への注目が集まりつつある。これまでのキャリア研究は、比較的安定的な組織環境の中でのキャリアや、個人が主体性を発揮するキャリアを主たる研究テーマとしてきたため、キャリアショックのような偶発的要因には十分な関心を向けてこなかった。しかし、現代のキャリアを理解するには、こうした偶発的文脈と個人の主体性の相互作用に目を向ける必要がある。

　本章では、キャリアショックという概念について理解を深め、今後の研究の方向性について考察を試みた。キャリアショック研究は緒に就いたばかりであるが、これまでに一定の時間を経た後に個人のキャリアに影響を与える場合があることや、ネガティブなキャリアショックがポジティブなキャリア発達につながる場合があることがわかってきている。

　今後重要と考えられる研究の方向性としては、キャリアショックの類型化、キャリアショックの内容理解の深化、尺度開発を土台とした実証研究の蓄積、組織的な抑制策の検討、キャリアショックが長い時間軸においてもたらす影響の理解、といったテーマが考えられる。

1. はじめに

　キャリアの不確実性が高まる中で、多くの個人は生涯において、キャリアに大きな影響を与える何らかの予期せぬ出来事に遭遇する。近年のキャリア研究においては、個人の主体性に注目が集まり、偶発的要因については十分な関心が向けられてこなかった。しかし、不確実性の高まる現代においては、こうした偶発的要因をうまく活かし、ポジティブなキャリア発達につなげることが大変重要である。本章では、こうした観点から、注目を集めるキャリアショック (career shock: Akkermans et al., 2018) という概念を取り上げ、持続可能なキャリアにとっての意義を考えるとともに、今後重要と考えられる研究課題を探っていきたい。

　2020年の新型コロナウイルスの感染拡大による社会、経済の混乱は、それまで全く予想されないことであった。グローバル化の加速、情報技術の飛躍的発達、地球環境問題の深刻化などにより、現代社会には、予測不能な要素が年々増え、私たちのキャリアや人生も不確実なものになりつつある。

　かつてのキャリア研究は、組織が提供するある程度予測可能な環境（仕事内容、昇進など）の中で、組織のニーズと個人の欲求をどうマッチングさせるかに焦点をあてていた（例えば、Greenhaus et al., 2010; Lent et al., 1994; Schein, 1978)。しかし、グローバル競争が加速したことで、1980年代の後半から企業のリストラが頻発し、企業による長期雇用や予測可能なキャリアといった前提は大きく崩れた (Arthur & Rousseau, 1996)。こうした変化を受けて、1990年代においては、自らの価値観にもとづき心理的成功を追求するプロティアン・キャリア (Hall, 1996) や単一の雇用者という伝統的な枠組みにとらわれないバウンダリレス・キャリア (DeFillippi & Arthur, 1994; Arthur & Rousseau, 1996) といった、いわゆるニューキャリア論が登場した。

　ニューキャリア論は、新たに生まれつつあったキャリアの現実に光を当てる

という意味では、大きな意義があったが、キャリアの管理責任者としての個人の主体性を強調したため、キャリアにおける文脈への関心を弱めるという結果を招いた。Frey & Osborne (2017) がAIやロボットなどの技術革新により、この10年ないし20年において、米国における仕事の47%が自動化されるリスクがあるとの試算を行い、Taleb (2012) がリーマンショックや同時多発テロなど、グローバル経済の持つ脆弱さを指摘するなど、キャリアに不確実性をもたらす幅広い文脈に関心が集まる中で提唱された新たなパラダイムが「持続可能なキャリア」(Van der Heijden & De Vos, 2015) である。そして、この新たなパラダイムのもとで最も注目される研究テーマの1つが本論で取り上げるキャリアショック (Akkermans et al., 2018) である。

　キャリアショックとは、キャリアの途上で遭遇する、キャリアに大きな影響を与える思いがけない出来事を指す。Seibert et al. (2016) は、こうしたキャリアショックの例を表4-1のようにまとめている。

　すでに述べたように、近年のキャリア研究の多くは、自らが主体的に選び取るキャリアを主たる研究対象としてきたため、暗黙のうちに、キャリアショックのような偶発的な出来事を軽視してきた。しかし、個人がキャリアの管理主

表4-1　キャリアショックの例

・仕事がなかなか見つからない
・仕事の上での重要なメンター（良き理解者、助言者）が組織を去る
・期待していた仕事を割り当てられない
・期待していた昇進が実現しない
・仕事の成果について低い評価を受ける
・ネガティブな社内政治を経験する
・所属組織が重大な組織変革を発表する
・配偶者が転居を伴う新たな仕事を得る
・結婚する
・子供ができる
・家族の一員が深刻な病気や障害の診断を受ける
・離婚
・家族の死

（出典）Seibert et al. (2016, p.247)

体だとする考え方は、個人が極めて高いレベルの先見性、計画能力、管理能力を持つことを前提としており、キャリアの現実を説明していないとの批判がある (Forrier et al., 2009)。また、実際にはキャリアの途上で多くのひとが何らかのショックに遭遇し、その経験は個人のキャリアにとって極めて重要な意味を持つ (Betsworth & Hansen, 1996; Scott & Hatalla, 1990)。個人の行動は、個人と環境の関数で決まるというLewin (1936, p.166) の古典的な見解に立ち返れば、個人の直接的な管理外にある偶発的文脈もキャリアの意思決定やキャリア成果の決定要因として考慮に入れられるべきであろう。

Akkermans et al. (2018) は、キャリアショックに注目すべきと考える理由として、次の2点を挙げる。

第1に、現代において、働き方がますます多様になったことである。とりわけ、一時雇用、単発での仕事の請負などといった働き方は雇用の保障が少なく、将来の見通しも立ちづらいため、予期せぬショックに遭遇しやすい。

第2に、多くの研究者が、現代のキャリアを理解するには、文脈要因をもっと考慮すべきだと主張していることである (Gunz et al., 2011; Inkson et al., 2012; King et al., 2005; Rodrigues & Guest, 2010; Zeitz et al., 2009)。複雑かつ予測困難な現代のキャリアを理解するには、偶発的文脈と主体的な個人の相互作用にもっと目を向ける必要があるといえよう。

本章では、最初にキャリアショックの定義や背景を確認し、次に、先行研究や具体事例をもとに理解を深める、そして、最後に今後の研究課題について考察することとしたい。

2. キャリアショックの定義

長いキャリアを歩む中で、偶然であるにもかかわらず、その後のキャリアに大きな影響を与える出来事は、これまで、偶然 (Roe & Baruch, 1967)、偶発事象 (Bright et al., 2005)、セレンディピティ (Betsworth & Hansen, 1996)、偶発性 (Miller, 1983)、シンクロニシティ (Guindon & Hanna, 2002)、そして近

年ではキャリアショック (Akkermans et al., 2018) と呼ばれてきた。キャリアショックは偶然のように見えて、大半のひとが何らかのキャリアショックを経験し、それがキャリア発達の重要な契機になる。こうした偶発性のある文脈要因を幅広く捉え、キャリア発達との関係を探ることは現代のキャリア研究にとって重要だと考えられる。

　キャリアショック研究の背景には、こうしたキャリアにおける偶然に関する研究と離職につながるショックに関する研究の2つの流れがある。Akkermans et al. (2018) は、こうした偶然やショックに関する研究を精査し、キャリアショックには、次の4つの中核的な特徴があるとする。

　第1は、キャリアショックは、自分のキャリアについて真剣に考えなおすきっかけとなる効果を持つということである。キャリアショックとキャリアの進路変更に潜在的な関係があることについては数多く指摘されてきた (Holtom et al., 2005; Seibert et al., 2013)。

　第2は、キャリアショックは、少なくともある程度は、個人のコントロールの及ばないところで発生するということである。キャリアショックの大きな特徴は、個人の主体性を超えたところで発生する点にある。

　第3は、キャリアショックの予測可能性には、大きなバラツキがあるということである。偶然に関する研究は、こうした事象が予測不能である点を強調するが、キャリアショックの研究は、予測可能性のレベルにおいて大きなバラツキがあることを前提にしている。例えば、子供が生まれるということは、予測可能でありながら、ショックになることがある。キャリアショック研究では、こうしたある程度予測可能な事象についても視野に入れる。

　第4は、キャリアショックには、ポジティブな場合もネガティブな場合もあるということである。ネガティブなものとしては、予期せぬ失業や肉親の死のようなものがあり、ポジティブなものとしては、予期せぬ昇進や受賞のようなものがある。

　こうした特徴を踏まえて、Akkermans et al. (2018, p.4) は、キャリアショックを「少なくともある程度は、当人のコントロールが及ばない要因により引き起こされ、自らのキャリアについて慎重に考えなおすきっかけとなる、大きな

動揺を与える特別な出来事」[1] と定義する。

　キャリアショックは、出来事と意味づけのプロセスの2つの要素から構成されており、特別な出来事であっても必ずしもそれがキャリアショックになるとは限らない (Akkermans et al., 2020)。例えば、自分が信頼を寄せていたメンターが組織を去るといった出来事も、あるひとにはキャリアショックとなりうるが、別のひとにはビジネスでよくあることの1つと受け流されるということもありうる。

3.　キャリアショック研究の背景

　すでに述べたとおり、2種類の研究が、キャリアショック研究の背景となっている。1つが、キャリアにおける偶然の研究である。もう1つが、離職につながるショックの研究である。前者はキャリア研究において、後者は主に組織行動論の分野で取り上げられてきた。

(1) キャリアにおける偶然の研究

　キャリアにおける偶然の影響については、キャリア研究の初期から議論されてきた (Hart et al., 1971; Roe & Baruch, 1967)。Roe & Baruch (1967) は、最近職業を変えたか、近々変えようとしている30歳から50歳の30名へのインタビューを通じ、キャリアは、論理的な選択の連続ではなく、偶然という外的要素に大きな影響を受けたと語られることを示した。また、Hart et al. (1971) は、60人の男性のキャリア・ストーリーを分析し、プロフェッショナルのキャリアは、計画と準備にもとづいているため、偶然の影響は小さいが、熟練・準熟練労働者のキャリアは偶然の出会いが影響を与えるケースが多いと指摘し

1　原文は、A career shock is a disruptive and extraordinary event that is, at least to some degree, caused by factors outside the focal individual's control and that triggers a deliberate thought process concerning one's career.

た。こうした初期の研究は力点の置き方は違うものの、個人のキャリアは自分で管理できるものばかりでないという点で共通している。こうした研究はあったものの、Super (1957) やCrites (1969) といった初期のキャリア研究をリードした研究者は、どちらかと言えば、キャリア発達に偶然の影響を認める考えを否定的に捉えていたため、偶然はキャリア研究における重要テーマとはならなかった。

　しかし、その後、先進諸国全般におけるグローバル化や情報化に伴うキャリア環境の激変により、再び、キャリアにおける偶然や不確実性に注目が集まるようになった。Gelatt (1989) は、「積極的不確実性」という概念を示し、キャリアの意思決定を客観的、合理的判断だけに頼ることはもはや困難であり、不確実性を積極的に受け入れ、主観的、直感的な意思決定と統合していくことが重要だと主張した。

　1990 年代後半になると、キャリアの意思決定に、偶然が重要な役割を果たすことを指摘する研究がいくつか行われた (Betsworth & Hansen, 1996; Scott & Hatalla, 1990; Williams et al., 1998)。Betsworth & Hansen (1996) は、調査対象とした年配の成人の約 6 割は、自らのキャリアが偶然により影響されたと考えていることを明らかにした。また、Scott & Hatalla (1990) は、大卒女性の卒業後 25 年の振り返りインタビューを通じて、予期しない個人的な出来事がキャリアに大きな役割を果たしていると指摘した。さらに、Williams et al. (1998) は、カウンセリング心理学を専攻する女性研究者のキャリア選択について調査し、調査対象となった 13 人全員が、少なくとも何かの偶然に大きな影響を受けていることを明らかにした。こうして、キャリアにおける偶然に対して、徐々に関心が向けられるようになった。

　こうした中で、キャリア研究の世界の目を偶然の重要性に向けさせることに決定的な貢献をしたのが「計画された偶発性理論」(Planned Happenstance Theory: Mitchell et al., 1999; Krumboltz & Levin, 2004; Krumboltz, 2009) と「キャリア・カオス理論」(Chaos Theory of Careers: Bright & Pryor, 2005; Bright et al., 2005; Pryor & Bright, 2003) という 2 つの理論である。

　「計画された偶発性理論」とは、Mitchell et al. (1999) が唱えた、ひとを学習

し続ける存在とみる学習理論を基礎にしたキャリア理論である。この理論は、変化の激しい不確実な時代においては、Schein (1978) がいうような、慎重にキャリアをデザインし、予想される課題を一つひとつ乗り越えるような安定的なキャリアは期待しづらく、むしろ現代のように変化の激しい時代だからこそ、デザインするというよりも、偶然にもたらされた機会を自らの主体性や努力によってキャリアに活かす姿勢が必要だという。そして、偶然をキャリア形成に活かすためには、日頃の態度として、好奇心、持続性、柔軟性、楽観性、冒険心が求められると主張した。

　さらに、「計画された偶発性理論」を発展させた「偶発性学習理論」(Happenstance Learning Theory: Krumboltz, 2009) では、キャリアは無数の計画された経験、計画されなかった経験の双方からの学習を通じて決まるものだとし、キャリア・カウンセラーの仕事は、クライアントが何か1つの仕事を決める手伝いをすることではなく、クライアントが満足できるキャリアを歩むために、どう行動すればいいかを考えるのを手伝うことだと主張している。このように「計画された偶発性理論」は、それまでのキャリア・カウンセリングにおいて望ましくないものとされていた未決定 (indecision) をオープン・マインド (open-mindedness) と肯定的に捉え直し、未来に開かれた姿勢を持ち、積極的な行動を起こすことにより、変化する環境に適応することができると考えた点 (Mitchell et al., 1999) に大きな意義があったと言える。

　偶然に注目したもう1つのキャリア理論がBright & Pryor (2005) などによって唱えられた「キャリア・カオス理論」である。この理論はキャリアにおける不確実性を複雑な変化を伴う予想の難しい分野で発達したカオス理論を応用して捉えようとする。カオス理論とは気象学者のEdward. N. Lorenzが発見した数学モデルである。Lorenz (1995) は、ある時点でのほんの少しの誤差が、その後の結果を大きく変えてしまう一方で、一見不規則に見えて、未来予測が困難な変化であっても、その背景には何らかのパターンがあり、全体的にはある範囲内での変化であると考えた。Bright & Pryor (2005) は、ひとをこうした複雑系の力学に従うシステムと捉えて、「キャリア・カオス理論」を提唱し、その中核概念として非線形性 (nonlinearity) と回帰性 (recursiveness) を挙げた。

　非線形性とは、キャリアにおける小さい変化がその後のキャリアに劇的な変化を生み出しうることを意味する。

　また、回帰性とは、ひとは外的変化に晒されたときでも、秩序を再生する一定の特徴的なパターンを持っていることを意味する。そして、そのパターンをアトラクタと呼び、アトラクタのタイプを点アトラクタ、振子アトラクタ、円環アトラクタ、ストレンジ・アトラクタに分類する。点アトラクタとは特定の1つのことにこだわる状態であり、振り子アトラクタとは、家庭か仕事かなど固定的で二分法的な考え方にこだわる状態を意味する。また、円環アトラクタとは、ある一貫した振る舞いに制約される状態、例えば、失敗に対する心配などが強迫観念となり、自分の行動が縛られているような状態を指す。

　ストレンジ・アトラクタとは、自己の外にあるシステムや影響に対して開かれ、同じ繰り返しはないが、ある種のパターンがある状態である。そして、ストレンジ・アトラクタのみが偶発性や環境変化に対して開かれた発想を可能にすると考え、カウンセラーの役割はカウンセリングを通じて、相談者をストレンジ・アトラクタに導くことだとした。さらに、Borg et al. (2006) は、「キャリア・カオス理論」にもとづき、計画（起こる可能性大）と計画外（不測の事態、運）の2つの輪からなるバタフライモデルを考案した。このモデルでは、キャリアを計画的行動の期間と計画的ではない行動の期間を循環するダイナミズムから創発されるものと捉えている。

　このように「計画された偶発性理論」や「キャリア・カオス理論」は、職業関心や職務適性など決定論的なアプローチが支配的であったキャリア・カウンセリングの世界に、キャリアにおける不確実性や偶然の重要性を持ち込むことに多大な貢献があった。しかし、1990年代後半から台頭し、キャリア研究における一大潮流となったバウンダリレス・キャリアやプロティアン・キャリアといったニューキャリア論が、キャリアにおける個人の主体性を強調したため、個人の主体性が及ばない偶然や不確実性については、キャリア研究の主要なテーマとなるには至らず、この2つの理論に関する実証研究は今後の課題として引き継がれている。

(2) 離職につながるショックの研究

キャリアショック研究の背景となるもう1つの研究分野が、離職につながるショックの研究である。離職の意思決定の研究を行ったLee & Mitchell (1994) は、ショックの本質を個人が認識しているシステムに対する衝撃 (shock to the system) と捉える。そして、Lee et al. (1996) は、離職の意思決定プロセスをBarnard (1938) の組織均衡論が示すような、企業が提供する誘因が従業員の提供する貢献を下回る場合といった静的なモデルではなく、ショックという心理的な要素に着目するダイナミックなモデルで示し、離職に至る4種類のフローチャートのうち3つについてはショックが先行要因になるとした。

この研究はその多くをイメージ理論 (Image Theory: Beach & Mitchell, 1987; Beach, 1990) に依拠している。イメージ理論では、ひとは3つの明瞭なイメージからなる知識体系を持つとする。

第1は価値イメージ、すなわち、自分の価値観や理想に関する考え、第2は軌跡イメージ、すなわち、達成したい目標や理想とする状態、第3は戦略イメージ、すなわち、自分が選んだ目標を達成する戦略や戦術に関する理解である。そして、ひとは新古典派経済学が前提とするように必ずしも活発に最適化を目指す存在ではなく、新たに入った情報から、このままでは駄目だという深刻な懸念が投げかけられなければ、いまの目標ややり方にこだわる傾向があるという。すなわち、ショックがきっかけになって初めて、ひとはキャリア戦略を再検討し、別の道を探り始めるというのである。

離職の意思決定につながるショックに関する研究分野の1つに、新人が会社に入った時に感じる期待と現実のギャップを扱う、リアリティ・ショック (reality shock) がある。わが国におけるショックの研究は、この分野に関するものが多く、とりわけ看護学分野において豊富な研究蓄積がある (例えば、勝原ほか, 2005; 内藤ほか, 1986)。リアリティ・ショックは、主に組織行動論における組織社会化[2]の文脈で研究されており、尾形 (2008, 2012a)、小川 (2005)

---

2 組織社会化とは「組織への新規参入者が、新たな役割・規範・価値を習得するという形で変化し、組織に適応していく過程」を指す(Wanous, 1992)。

は、組織参入前に個人が抱く期待やイメージと実際の組織現実とのギャップや相違によって、リアリティ・ショックが生じ、その結果として、新人の離職、欠勤の増加、職務モチベーションや組織コミットメントの低下といった、新人と組織の双方にとってネガティブな結果を引き起こすことを実証的に明らかにしている。また、小川 (2003) は Schein (1978) のキャリア・コーン (career cone) の概念を用いて、組織の境界線、職能や階層の境界線を移動する際に生じる移行課題に伴いショックが起こりうるとし、入社時のエントランス・ショック、部署異動によって生じるクロス・ファンクショナル・ショック、昇進によるランキング・ショックに分類し、キャリア中期、後期においても何らかのショックが存在することを示唆している。

　なお、新人のリアリティ・ショックを抑制する方策として、Wanous (1973, 1992) はリアリスティック・ジョブ・プレビュー (realistic job preview)、すなわち、採用プロセスの際にネガティブな側面も含めた、現実にもとづく職務情報を提供することが有効だと提唱した。リアリスティック・ジョブ・プレビューが新人の早期離職に抑制効果を持つことはメタ分析でも確認されている (Phillips, 1998)。このように新人のリアリティ・ショックの抑制については一定の知見が得られているが、キャリアの中期、後期におけるショックとその抑制策については、まだ十分明らかになっていない。わが国において、45歳以上の労働者が労働力人口の約半数を占めていること、キャリアの中期、後期における様々なショックは中高年のモチベーションやコミットメントに影響を与えると予想されることを踏まえると、多様なキャリアショックへの理解と組織としての抑制策の検討は今後の重要な研究課題である。

4. キャリアショックに関する先行研究

　キャリアショックと呼ばれる、キャリア発達やキャリアの意思決定に影響を
与える予期せぬショックへの関心は、近年徐々に高まりつつあるものの、いま
だ萌芽的な段階にあり、研究蓄積はこれからである。ここではキャリアショッ
クについて、これまでどのような研究が行われてきたのを見ておきたい。

(1) 個人特性との関係

　キャリアショックは、キャリア上で起こった出来事と、その出来事の個人の
受け止めにより生み出されるため、同じ出来事に遭遇しても、どのような個人
特性を持つかで、もたらされる結果が異なる。そのため、キャリアショックと
個人特性の関係は重要な研究テーマになる。

　例えば、Burton et al. (2010) は、予想を下回る評価や昇給、期待していた昇
進の見送りといった、ネガティブな経験の受け止めはひとにより一様ではな
く、仕事におけるネガティブなショックが、離職意思の発生、業績、組織市民
行動の低下に与える影響は、ジョブ・エンベディッドネス (job embeddedness;
Mitchell et al., 2001) によって緩和されると指摘している[3]。

　なぜ同じショックが個人により異なる結果をもたらすかを考える上で、有益
な示唆を与えてくれるのが、感情事象理論 (Affective Events Theory: Weiss &
Cropanzano, 1996) である。感情事象理論は、個人の態度や行動は、必ずしも
論理的な思考や判断の帰結ばかりではなく、怒り、恐れ、喜びといった感情的
な反応によっても左右されると考える。この理論では、個人の性格を調整要因

3　ジョブ・エンベディッドネス (job embeddedness) とは、ある仕事にひとを留まらせようと
　する様々な影響力を意味する。その職場との人的つながり、適応、その職場を去る場合に払
　う犠牲などが重要な要素となる (Mitchell et al., 2001)。

と見る。すなわち、ショックに対する感情的反応は個人の性格により異なると考えるため、同じショックが個人のキャリア発達やキャリアの意思決定に異なる影響をもたらす理由を理解する上でのヒントを与えてくれる。

(2) 時間との関係

　キャリアショックの影響は短期と長期では異なる場合がある (Chen, 2005) ため、キャリアショック研究においては、時間経過に伴う影響の変化、すなわち、ショックの直後だけでなく、一定時間を経過した後にどのような変化が見られるかに注目することが重要とされる。例えば、Seibert et al. (2013) は、2つの大学の 337 名の卒業生を対象に、様々なキャリアショックが大学院への進学にどう影響しているか調査した。そして、自分のメンターが組織を去る経験といったショックは、その直後には大学院への進学意図を喚起しないが、16 か月後の大学院への願書提出に対し有意な影響を与えるとの分析結果を得ている。このように、キャリアショックは、起こった直後には影響がなくても、キャリアの意思決定に対して長期的な影響を持つと考えられる。こうしたキャリアショックと時間との関係についても、今後の重要な研究課題である。

(3) キャリアへの影響

　多くの先行研究がキャリアショックは、キャリアの自己管理行動 (King, 2004)、キャリア・プラニング (Seibert et al., 2013)、キャリア・クラフティング (Akkermans & Tims, 2017)、能動的なキャリア行動 (De Vos et al., 2009) など、個人の主体的なキャリア行動に正の影響を与えることを明らかにしている。

　キャリアショック研究のユニークなところは、ネガティブなキャリアショックがポジティブなキャリア行動、キャリア成果につながる場合があると指摘する点である。例えば、すでに取り上げた Seibert et al. (2013) は、メンターが去るというネガティブな経験が、大学院への進学というポジティブな意図につながる関係を明らかにしている。

　Rummel et al. (2019) は、大学を卒業して間もないタイミングで起業家に

なった人物25名にインタビューし、こうした人物は、学校から仕事へという
移行期において、ポジティブ、ネガティブ双方のキャリアショックを経験し、
組織のヒエラルキー、自律性のなさ、職場環境への幻滅といったネガティブな
ショックが、起業家を目指すというポジティブな意思決定に影響を与えている
ことを指摘している。

　同様に、Zikic & Richardson (2007) は、失業を経験し、転職支援サービスを
利用したことがある45歳以上の中高年の管理職にインタビューを行い、失業
することがきっかけで天職に出会うなど、失業がポジティブな経験につながる
場合があることを示している。

　また、Richardson & McKenna (2020) は、致命的な負傷で引退を余儀なくさ
れたプロスポーツ選手を調査対象とした研究を通じて、負傷というネガティブ
なキャリアショックが契機となって、異なる文脈でより持続可能なキャリアを
歩む場合があることを明らかにしている。ネガティブなショックが生み出す内
省が、ポジティブな行動や成果を生み出すといった、キャリア発達におけるダ
イナミズムに注目する点がキャリアショック研究の意義の1つである。

(4) キャリアショックの類型化

　キャリアショックは幅広い偶発事象を対象とするため、研究の発展には、尺
度開発や実証研究の土台となる何らかの分類が必要である。自発的な離職につ
ながるショックについて分析したLee & Mitchell (1994) は、ショックの原因
はプライベートなもの（例：結婚、妊娠、相続）か、仕事関連のものか（例：
思いがけない仕事のオファーや昇進）に分類できるという。また、Seibert et
al. (2013) は、キャリアショックにはポジティブなものとネガティブなものが
あるという。Akkermans et al. (2018, p.5) は、キャリアショックの類型化に資
する属性として、表4-2が示す頻度、予測可能性と管理可能性、感情価、継続
時間、原因の所在の5項目を挙げている。

　Nalis et al. (2021) は、ミッドキャリアにおいてキャリアショックを経験し、
それをきっかけにキャリアチェンジを行った25名の事例を分析し、キャリ
アショックの5つの属性と個人に引き起こされる反応、さらに結果としての

表 4-2　キャリアショックの類型化に資する属性

属性	説明
頻度 （frequency）	頻度とは、ショックが繰り返される程度である。キャリアショックは、基本的には稀頻度のものを指すが、職場のセクハラのように繰り返されるものも含まれる。 　一般的には、頻度が上がることで、ショックのインパクトは緩和されるとされるが、繰り返しにより閾値を超えることで、キャリアショックに至るといったケースも考えられる。Rigotti (2009) は心理的契約の破棄は、あるポイントを超えたところで起こるという。
予測可能性と管理可能性 （predictability & controllability）	予測可能性とはキャリアについての熟慮をいつから始められるかに関わり、管理可能性とはショックに対して主体的な行動を起こしうるかに関わる。 　予測可能で、管理可能であれば、個人がキャリアショックの影響を緩和する行動を取りやすくなる。例えば、リストラであっても、予め知らされ、優れた転職支援があれば、ネガティブな効果は緩和されると考えられる。
感情価 （valence）	感情価とは、ショックにより生じる感情がどの程度ポジティブあるいはネガティブかの程度である。キャリアショックのインパクトは、どの程度強くその出来事を受け止めるかに影響される。
継続時間 （duration）	継続時間とは、出来事が継続する時間と、出来事が結果をもたらすまでの時間の両方を含む。 　前者の例としては、病気は昇進よりも継続する時間が長い。 　後者の例としては、レイオフは採用よりも結果に至るまでの時間が長い。他の条件が同じであれば、継続時間が長いほど深刻な結果をもたらされると考えられる。
原因の所在 （source）	原因の所在とは、ショックの原因がどこにあるかである。例えば、人間関係（セクハラ、差別など）、家庭（離婚、死別など）、会社（リストラなど）、環境要因（自然災害）、地政学要因（戦争など）である。

（出典）Akkermans et al. (2018, p.5)

キャリアチェンジには、図 4-1 のような対応関係があるという。

　頻度が高いキャリアショックは、ショックに対する慣れと回復力、いわば、キャリアの変革筋力を強化し、生涯にわたり変化を続けるキャリアを可能にする。予測可能あるいは管理可能なキャリアショックは、将来に向けて準備し、

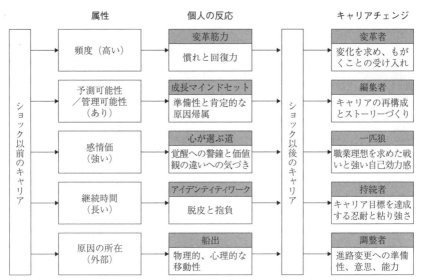

図 4-1 キャリアショックの属性と個人の反応、キャリアチェンジの関係
（出典）Nalis et al.（2021）

起こったことは前向きに受け止めるといった成長マインドセットを育み、キャリアストーリーの見直しや新たな挑戦を促す。感情価の強いキャリアショックは、このままでいいのかという覚醒を生み出し、心が選ぶ道に進むことを後押しし、その結果、理想を求めた戦いが始まる。継続時間が長いキャリアショックは、キャリアのアイデンティティを再検討するアイデンティティ・ワークを促し、キャリア目標を粘り強く追求するキャリアに導く。原因の所在が外部にあるキャリアショックは、キャリアの変更というよりは、新たな土地や職場への移動のきっかけになる。移動することで、外部のショックをうまく調整する。

　キャリアショックの属性により、引き起こされる内省の深さが異なるため、キャリアチェンジの大きさに違いが出ると考えられる。一番大きなキャリアチェンジをもたらすのが、感情価が強いケースである。また、頻度が高い、もしくは予測可能性/管理可能性があるケースも大きなキャリアチェンジにつながりやすい。その一方で、継続時間が長い、原因の所在が外部にあるという

キャリアショックは、大きなキャリアチェンジというよりはキャリアパスにおける変更程度に収まる場合が多いと考えられる

　Nalis et al. (2021) の研究は、ミッドキャリアにおけるキャリアチェンジ事例のみを調査対象にしているという限界を抱えているもの、キャリアショックの属性とそれがもたらす結果に一定の関係が存在することを示唆したという点で注目に値する。

　こうした近年の研究動向を踏まえた上で、Akkermans et al. (2018) は、キャリア論、組織行動論、産業・組織心理学、人的資源管理論などの分野において、キャリアショックを重要な研究テーマとして取り上げていくべきだと主張している。キャリアショック研究はまだ始まったばかりであるが、キャリアショックといった偶発的な文脈要因と主体的な個人の相互作用を視野に入れて、キャリア発達やキャリアの意思決定を捉えるモデルの構築は、今後のキャリア研究にとって重要な課題だと考えられる。

5.　キャリアショックの具体事例

　次に、キャリアショックとはどのようなものかについて、具体事例を見ることで理解を深めたい。

　キャリアショックの先行研究では、キャリアショックは、一定の時間を経た後に個人のキャリアに影響を与える場合があること (Seibert et al., 2013) や、ネガティブなショックがポジティブなキャリアにつながる可能性があること (Richardson & McKenna, 2020; Rummel et al., 2019; Zikic & Richardson, 2007) が指摘されている。ここでは、こうしたキャリアショックの特徴に関わる事例を、第3章で紹介したCFOインタビューの中から3つ抽出した。

　まず、キャリアショックは、ある程度の時間を隔ててキャリアに影響を与えることがあるという事例を2つ取り上げる。

（1）スキル形成への切迫感（B氏の事例）

　1つ目は、米国系の会計事務所で、会計や税務に関する専門性を鍛え、外資系を中心にCFOとして活躍するB氏（50歳）の事例である。B氏は最初に勤めた会計事務所で入社間もない頃に大規模なリストラを経験している。B氏はこのリストラの対象にならなかったものの、事前の打ち合わせにおいても、本番のインタビューにおいてもこのエピソードを語っており、この出来事はB氏のキャリアにとって大きな動揺を生むキャリアショックであったと考えられる。その経緯について、B氏は次のように語る。

　　L会計事務所のロスアンゼルスオフィスに入所しました。というのが、1社目だったんですね。そのときは、すごく楽しかったというか、やっぱりアメリカの会社で1社目だったんですけども、アメリカの会社って結構、一生懸命、仕事やれば、あとは割にフラットというかストレートな物言いをしても全然、許されるというのがあって、仕事は厳しかったけどみんないい人だったし楽しく仕事ができるというような環境で、あとは会計の仕事だったので知的にもすごくチャレンジングで、本当に自分ははじめの就職としてはすごく理想的な就職をしたなというふうに思ってたんですね。

　　だけれども、これもこの間、話しましたように、<u>1年たつかたたないかのうちに大きなリストラがその会計事務所でありましたと</u>。800人くらいの会計士がいる事務所で、200人弱の人間が一気に切られました。その切られ方も、アメリカはドラスティックなので2週分のペイを払えば切ってしまっても大丈夫なので、ボイスメール切りっていうボイスメールに「オフィスにすぐ戻ってきてください」と言って戻らせて、「Today is your last day」みたいな感じで切ってしまうというようなことをやって、結構、<u>今まで一緒に働いた先輩方なんかが切られるのを見て、すごく衝撃的でした</u>。自分はたまたまそのとき生き残ったんですけれども、要は会社は何も個人に対してコミットしてくれない。会社が切るというふうに決断したときに、結局、自分に実力がないと路頭に迷っちゃうと。だから、<u>会社にいる間にできるだけスキルを磨いて、取れるものは取らないとだめだねというのを、だから1年目にして感じました</u>。

　B氏はこの経験により、会社は個人に対してコミットしてくれない、自分に実力がないと路頭に迷うことになる、会社にいる間にできるだけスキルを磨く

必要がある、と強く感じたという。また、B氏が「ボイスメール切り」と表現するように、このリストラが、唐突でかつ一方的なものであったこともB氏のショックの度合いを強めたと考えられる。こうしたキャリアショックは、この会社との関係だけでなく、その後のB氏にスキル形成への切迫感をもたらしている。

> 私、今はそうでもないんですけど、若いときってものすごいタクティカルだったっていうか、例えば、D社（2つの会計事務所の後に勤めた事業会社）にいるときも7年間いるときも、今から3か月間、こういうプロジェクトをしますって…これがレジュメにこういうふうに載るとか、ちゃんと頭の中で考えてビーッとやってて、ほんで、プロジェクトとか応募とかってあると手を挙げて、それが書けると、こういうことをやったって書けるとか、今、私のレジュメにこれが足りないから次、何か異動とか願い出るときは、ここに行ってみようとか、若いときはですよ。若いときはビーッと考えて、思いどおりになるときもあったし、ならないときも多かったけれども、結構それは考えてましたかね。

　B氏は、若いときには、レジュメ（履歴書）に何が書けるかを意識して、様々な仕事に積極的に取り組んだという。外部から評価される経験やスキルの獲得にこだわる姿勢は、いつリストラがあっても大丈夫という状態にしたいとの思いが感じられ、就職直後のリストラというキャリアショックの影響が伺われる。

(2) 躊躇ない転職決定（C氏の事例）

　2つ目に紹介するのは、理系出身でありながら最初の就職先に銀行を選び、管理会計に強いCFOとして活躍するC氏（41歳）の事例である。C氏は、入社間もない時期に、勤めていた銀行が上位行と合併し、上位の役職者が不本意な異動を迫られたり、自分の仕事の分掌が狭くなったりという経験をしている。その時は、C氏は同じ銀行に留まっているが、その数年後にさらに別の上位行との合併が決まった時には、躊躇なく別の会社に転職するという行動に出ている。この素早い行動は、最初の合併時のキャリアショックが影響している。最初の合併の際に受けたショックについて、C氏は次のように語る。

　そもそもU銀行がO銀行と合併したのは吸収に近かったので。U銀行の上の人たちが、結構飛ばされていたのを見てはいたんですよね。（中略）合併してV銀行になったときに最初に強烈に感じたんですけど、U銀行とO銀行だと、やはり、会社の規模も大分違ったので。合併したときでも、当時僕25歳ぐらいだったんですけど。U銀行とO銀行で合併するためにいろいろな業務のすり合わせってするんですよね。で、僕がやっている仕事、25歳の僕がやっている仕事一つに対して、O銀行からは30代半ばぐらいの役席が3人ぐらい出てくるんですよ。なので、O銀行の30代半ばの3人の役席分の仕事を、U銀行だと僕一人で、ある意味やらせてもらえていたと。で、結果、合併後は、その3人の役席の一人の、かわりの一人の仕事を僕がやるようになったんですけど。まあ、ざっと3分の1の仕事になったんですよね。…これはつまらんなと非常に思ったことがあるんですよね。

　このように、C氏には、銀行で吸収合併のような形になると、どのようなことが起こるかといった記憶が鮮明に残っており、その影響もあって、次の合併の際には、合併の発表からわずか1週間で躊躇なく転職を決めている。

　そこはもう早めに動いておかないと、自分の価値がどんどん目減りするぞみたいなのも思ったんですよね。なので、合併が発表されてからもう1、2か月で転職してしまっているんですけど。もう自分の価値が減る前に。
　［具体的にもう動こうと思ったのは何月ぐらいですか］
　9月ぐらいに。合併の発表がされていると思うんですよ。
　［その瞬間に、もう動こうと決意されましたか］
　で、あ、これはあかんと。なので、1週間以内には多分転職するという決断はしていて。

　このように、最初の合併時に感じたキャリアショックが、次の合併が決まった時に、ただちに転職を決意するという判断に影響を与えている。

（3）挫折からライフワークへ（F氏の事例）

　次に、ネガティブなキャリアショックがポジティブなキャリアにつながるという事例として、F氏（54歳）の事例を取り上げる。F氏は、転職して入ったオーナー系企業で、トップの信頼を得て、30代で部長になるなど昇進を重ね

たが、その会社がバブル崩壊による消費低迷により追い込まれ、私的整理の業務を直接担当することとなった。その中で、自分を評価してくれていたオーナーに退陣を迫り、経営体制の見直しに伴い、自分自身も退職するという挫折を経験している。その時の経緯についてF氏は次のように語る。

　　平成10年代に入ってからですね。いわゆる、バブルはもうとうの昔に弾けていたのですけれども。まだ何かその余波みたいなやつで、何となく売り上げが保たれていたのがいよいよ悪くなってきて（中略）これはまずいと。これ、何とか収益を上げて借金を返せるような目星をつけないと、銀行としても支援したくてもできなくなってくるというのがあって（中略）結果的には、銀行さんに債権放棄をしていただいて、東京のC社にスポンサーに入っていただいて会社を再建するという道を選択したのですね。（中略）単なる延命のための処理じゃありませんよということをはっきりさせるために、そういう条件がついていて。私もオーナーのNさんに半分呼ばれるような形でW社に入ったので、そこは本当に「ああ、これで、長年続いたN家のW社という会社を、ああ、もう自分の手で終わらせることになるのだな」というのも思いながら、（中略）正直、残っていても、…どういう処遇を受けるかというのは、そのあたりは大体想像ができますので、それだったら、自分としてもちょっと別の道を探したいなということで。

　勤めていた会社が事実上の倒産をするという経験はF氏にとって、ネガティブなキャリアショックであったと思われるが、その当時の時代背景もあり、F氏は企業再生の経験が評価され、企業再生チームの立ち上げを検討していた大手監査法人に再就職を果たしている。

　　ちょうどそのW社を監査していたのが、当時のB監査法人のX事務所だったのです。（企業再生チームが）東京にはあるのだけれども、大阪にもう1チームつくるということになっていて。
　　［ええ、ええ］
　　もしよかったら、推薦するので面接を受けてみませんかというお誘いを受けたのですね。それで、当時何も決まっていなかったので「とりあえず、行くだけ行かせていただきます」ということで、実は、そのとき初めて大阪に出てきて面接を受けさせていただいたところ、運よくというか、ぜひ来てくださいということになって。

　その後、F氏は転職した先の監査法人で、数多くの企業再生案件を担当するが、監査法人のコンサル業務に対して金融庁の指導が強化されたことを契機に退職し、自らコンサル会社を立ち上げ、さらに企業再生分野で研鑽を積む道を選択している。その経緯について、F氏は、次のように語る。

　　　やはり、W社とB監査法人でやはりいろいろな会社、特にB監査法人でいろいろな会社のケースをやはり目の当たりにしてきて。そういった意味では、やはりなかなか人が経験できないことを経験させてもらったので、何とかこれを生かしたいなという思いも強かったのですね。（中略）やはりそういった案件を数多くこなすことによって、自分自身もやはりインプットするものがまだまだたくさんあるだろうと思って。こういう、いろいろな現場に出て、実際修羅場をくぐって自分自身も得るものをもらいながら、でも、自分が今まで得たものでお役に立てることもきっとあるはずなので。ということで、何かそういう循環ができるような仕事をしたいなという。
　　　［じゃあ、分野的には企業再生］
　　　そうですね。企業再生が強いという思いがあって、ちょっとそういう方向を選んだという形ですね。

　こうして、企業再生はF氏にとって、いつしかその分野でお役に立ちたい、その道を極めたいというライフワークになり、第3章でも紹介したとおり、その思いの実現のために、CFOを目指すようになったと語っている。

　　　自分自身としても、それから世間の人たちからも「あの人はプロのCFOだ」と言っていただけるように最後頑張ってそういうキャリアで終われたら、まあ自分のビジネス人生も幸せなのかなあと思って。

　F氏は事実上の倒産というネガティブなキャリアショックを経験しながら、その経験を得がたい体験をしたと捉え直すことで、企業再生の専門家としてポジティブなキャリアを実現している。

　ここでは、B氏、C氏、F氏という3人の事例を紹介した。こうした事例からもわかるとおり、「少なくともある程度は、当人のコントロールが及ばない

要因により引き起こされ、自らのキャリアについて慎重に考えなおすきっかけとなる、大きな動揺を与える特別な出来事」であるキャリアショックは、将来のキャリア行動やキャリアの意思決定に影響を与える重要な要因だといえる。

6.　今後の研究の方向性

　これまでに述べたことを踏まえ、今後のキャリアショック研究において重要だと考えられる研究分野を見ていきたい。

　Akkermans et al. (2018) が指摘するとおり、多様なキャリアショックの類型化を進めることが重要な課題である。

　Morrell et al. (2004) は、k平均法を用いたクラスター分析により、キャリアショックは大きく2つに分けられるという。1つは予測可能で、プライベートで、ポジティブなものであり、もう1つは予測不能で、仕事関連で、ネガティブなものである。すなわち、予期できないショックは仕事関連でネガティブなものが多いといえる。

　尾形 (2012b, p.95) は、リアリティ・ショックに関するこれまでの研究は、新人が入社前に持つ期待が組織の現実により裏切られるといった硬直的な理解に偏っていると批判した上で、リアリティ・ショックを発生させる原因には期待以外にも過信、覚悟があること、リアリティ・ショックの内容として、組織、仕事、自己、社会生活に関わるものがあり、その組み合わせは職種により異なること、リアリティ・ショックにより離職する者としない者には、ショック解消に対する自己完結性、ショックの正当化可能性、将来展望への影響などにおいて差があること、従来型のリアリティ・ショック以外に、肩すかしや覚悟を上回る過酷な現実など、専門職型のリアリティ・ショックがあること、リアリティ・ショックの発生時点には、入社当初以外にも、入社前、入社後数年といった時期の多様性があることなど、リアリティ・ショック研究が持つべき多様な視点を具体的に示している。こうした多様な視点は、今後、キャリアショックの類型化を進める上で、参考になると考えられる。

　ここでは、この点以外に、次の4つの研究課題を指摘しておきたい。

　1つ目は、キャリアショックそのものに関する理解の深化、とりわけ、キャリアの中期、後期におけるキャリアショックへの理解を深めることの重要性である。組織を取り巻く環境が不確実になるに伴い、長いキャリアにおいて何らかのショックに遭遇する可能性が高まっている。こうしたキャリアショックとなる出来事には幅広い内容が想定され、出来事の受け止め方やその後のキャリア発達への影響もひとにより様々である。これまでのショック研究は、離職の原因となるショックや新人のリアリティ・ショックに偏っており、キャリアショックの全貌を捉えているとはいえない。とりわけ、わが国におけるショックの研究は、新人のリアリティ・ショックに関するものが大半であるため、キャリア中期、後期におけるキャリアショックには十分目が向けられていない。しかし、表4-1で示したように、メンターとの別離、昇進の遅れ、ネガティブな社内政治、重大な組織変革の発表など、キャリア中期、後期においてもキャリアに大きな影響を与える出来事が存在すると考えられる。また、こうしたショックは、転職が欧米ほど一般的ではなく、一つの組織の中での「遅い昇進」（小池, 1993）という人事施策が一般的なわが国では、より大きなものである可能性がある。多様なキャリアショックについてその実態を理解することは、キャリアショック研究の出発点である。

　2つ目は、尺度開発を土台としたキャリアショックに関する実証研究の蓄積である。多様なキャリアショックへの理解を深めるための方法の1つは、Seibert et al. (2013)が用いたような、質問紙を用いた定量的な研究である。こうした実証研究を行うには、まず、測定されるべきショックに関する概念定義を行い、それを測定する尺度開発を行い、その上で、様々な変数との関係を探る必要がある。これまで「偶発性学習理論」（Krumboltz, 2009）や「キャリア・カオス理論」（Bright & Pryor, 2005; Pryor & Bright, 2003）など、偶発的事象をキャリア発達に活かすためのカウンセリング理論が提唱されてきた。こうした理論にもとづくカウンセリングの豊富な実践の上に、キャリアショックの先行要因、結果要因、媒介・調整要因などについての仮説を構築し、その検証を行うことが期待される。

　3つ目は、キャリアショックの組織的な抑制策の検討である。キャリア
ショックのような移行課題への対応は、トランジション論 (Bridges, 2004;
Nicholson, 1990) では、個人が内面的に乗り越えるべき課題として取り上げ
られてきた。しかし、キャリアショックには、M&A、リストラ、組織変革な
ど、組織が原因でもたらされるものも多い。個人のキャリア発達にネガティブ
な効果をもたらす懸念がある経営戦略を実施する場合には、組織としてショッ
クの抑制策を講じるべきである。すでに、新人が経験するリアリティ・ショッ
クについては、職場参入前の期待を抑制するリアリスティック・ジョブ・プレ
ビュー (Wanous, 1973, 1992) がショックの緩和に有効であることが明らかに
されている。また、尾形 (2009) は、導入時研修の事例を取り上げ、導入時研
修がリアリティ・ショックを緩和するワクチンの機能を果たしていることを示
している。しかし、リアリティ・ショック以外のキャリアショックについて
は、どのような組織的な対応が有効なのかは、これまで十分明らかになってお
らず、今後の研究課題である。

　4つ目は、キャリアショックが長い時間軸においてもたらす影響への理解
である。とりわけ、注目に値するのは、バーンアウトや失業、あるいは重大な
負傷といった当初はネガティブと思われたキャリアショックが、長い目で見る
と、天職との出会い、起業のきっかけ、新たなキャリアパスの発見というポジ
ティブな成果につながるケースである。

　Pryor & Bright (2012) は、キャリア発達の非線形性を唱えるキャリア・カ
オス理論の立場から、失敗には、学習機会、創造性の喚起、戦略立案、人間的
/精神的成長の4つの効用があるという。

　しかし、失敗のようなネガティブなショックが、どのようにしてポジティブ
なキャリア発達につながっていくのか、何が契機となってネガティブな出来事
がポジティブな行動や意思決定に変わるのか、そのためにはどのような個人資
源が必要か、上司、同僚といった重要な他者からのサポートはどのような役割
を果たすのか、などのメカニズムについては十分明らかになっていない。長い
時間軸をとった上で、キャリアショックの影響を見ていくことは、キャリア
ショック研究の発展において重要な視点だと考えられる。

7.　まとめ

　グローバル化の加速、情報技術の飛躍的発達、地球環境問題の深刻化などにより、キャリアの不確実性が高まる中で、キャリアショックと呼ばれるキャリアに大きな影響をもたらす偶発的要因への関心が高まりつつある。これまでのキャリア研究は、比較的安定的な組織環境の中でのキャリアや、個人が主体性を発揮するキャリアを主たる研究テーマとしてきたため、キャリアショックのような偶発的要因には十分な関心を向けてこなかった。しかし、現代のキャリアを理解するには、こうした偶発的文脈と個人の主体性の相互作用に目を向ける必要がある。

　本章では、キャリアショックという概念について理解を深め、今後重要と考えられる研究の方向性について考察を試みた。最初にキャリアショックの定義を確認し、キャリアにおける偶然の研究、離職につながるショックの研究など、理論的な背景となる研究を概観した。次に、これまでの研究で、キャリアショックは、一定の時間を経た後に個人のキャリアに影響を与える場合があることや、ネガティブなショックがポジティブなキャリア発達につながる可能性があることがわかってきていることを紹介し、具体事例を通じて、そうした理論的示唆への理解を深めた。

　最後に、今後重要だと考えられる研究の方向性として、キャリアショックの類型化、キャリアショックの内容理解の深化、尺度開発を土台とした実証研究の蓄積、組織的な抑制策の検討、キャリアショックが長い時間軸においてもたらす影響の理解という5つのテーマを提示した。今後、キャリアショックへの理解が深まり、多くのひとにとって、キャリアショックが持続可能なキャリアに向けた成長のチャンスとなることを期待する。

引用文献

Akkermans, J., Richardson, J., & Kraimer, M. L. (2020). The Covid-19 crisis as a career shock: Implications for careers and vocational behavior. *Journal of Vocational Behavior, 19*, 103434.

Akkermans, J., Seibert, S. E., & Mol, S. T. (2018). Tales of the unexpected: Integrating career shocks in the contemporary careers literature. *SA Journal of Industrial Psychology, 44*(1), 1-10.

Akkermans, J., & Tims, M. (2017). Crafting your career: How career competencies relate to career success via job crafting. *Applied Psychology, 66*(1), 168-195.

Arthur, M.B., & Rousseau, D.M. (1996). The boundaryless career as a new employment principle. In M.B. Arthur and D.M. Rousseau (eds.), *The boundaryless career: A new employment principle for a new organizational era* (pp.3-20). New York: Oxford University Press.

Barnard, C. (1938). *The functions of the executive.* Harvard Business Press. (山本安二郎・田杉競・飯野春樹訳『経営者の役割』ダイヤモンド社, 1956年)

Beach, L. R. (1990). *Image theory: Decision making in personal and organizational contexts.* John Wiley & Sons Incorporated.

Beach, L. R., & Mitchell, T. R. (1987). Image theory: Principles, goals, and plans in decision making. *Acta Psychologica, 66*(3), 201-220.

Betsworth, D. G., & Hansen, J. I. C. (1996). The categorization of serendipitous career development events. *Journal of Career Assessment, 4*(1), 91-98.

Borg, T., Bright, J., & Pryor, R. (2006). The butterfly model of careers: Illustrating how planning and chance can be integrated in the careers of secondary school students. *Australian Journal of Career Development, 15*(3), 54-59.

Bridges, W. (2004). *Transitions: Making Sense of Life's Changes (2nd ed).* Cambridge, MA: Perseus Books. (倉光修・小林哲郎訳『トランジション ― 人生の転機 ―』創元社, 2014年)

Bright, J. E., & Pryor, R. G. (2005). The chaos theory of careers: A user's guide. *The Career Development Quarterly, 53*(4), 291-305.

Bright, J. E., Pryor, R. G., & Harpham, L. (2005). The role of chance events in career decision making. *Journal of Vocational Behavior, 66*(3), 561-576.

Burton, J. P., Holtom, B. C., Sablynski, C. J., Mitchell, T. R., & Lee, T. W. (2010). The buffering effects of job embeddedness on negative shocks. *Journal of Vocational Behavior, 76*(1), 42-51.

Chen, C. P. (2005). Understanding career chance. *International Journal for Educational and Vocational Guidance*, *5*(3), 251-270.

Crites, J. O. (1969). *Vocational Psychology: The study of vocational behavior and development*. NY: McGraw-Hill.

DeFillippi, R. J., & Arthur, M. B. (1994). The boundaryless career: A competency‐based perspective. *Journal of Organizational Behavior*, *15*(4), 307-324.

De Vos, A., De Clippeleer, I., & Dewilde, T. (2009). Proactive career behaviours and career success during the early career. *Journal of Occupational and Organizational Psychology*, *82*(4), 761-777.

Forrier, A., Sels, L., & Stynen, D. (2009). Career mobility at the intersection between agent and structure: A conceptual model. *Journal of Occupational and Organizational Psychology*, *82*(4), 739-759.

Frey, C. B., & Osborne, M. A. (2017). The future of employment: How susceptible are jobs to computerisation? *Technological Forecasting and Social Change*, *114*, 254-280.

Gelatt, H. B. (1989). Positive uncertainty: A new decision-making framework for counseling. *Journal of Counseling Psychology*, *36*(2), 252-256.

Greenhaus, J. H., Callanan, G. A., & Godshalk, V. M. (2010). *Career management*. Sage.

Guindon, M. H., & Hanna, F. J. (2002). Coincidence, happenstance, serendipity, fate, or the hand of God: Case studies in synchronicity. *The Career Development Quarterly*, *50*(3), 195-208.

Gunz, H., Mayrhofer, W., & Tolbert, P. (2011). Career as a social and political phenomenon in the globalized economy. *Organization Studies*, *32*(12), 1613-1620.

Hall, D. T. (1996). *The career is dead － Long live the career. A relational approach to careers*. San Francisco, CA: Jossey-Bass.（尾川丈一・梶原誠・藤井博・宮内正臣監訳『プロティアン・キャリア 生涯を通じて生き続けるキャリア－キャリアの関係性アプローチ』亀田ブックサービス, 2015年）

Hart, D. H., Rayner, K., & Christensen, E. R. (1971). Planning, preparation, and chance in occupational entry. *Journal of Vocational Behavior*, *1*(3), 279-285.

Holtom, B. C., Mitchell, T. R., Lee, T. W., & Inderrieden, E. J. (2005). Shocks as causes of turnover: What they are and how organizations can manage them. *Human Resource Management*, *44*(3), 337-352.

Inkson, K., Gunz, H., Ganesh, S., & Roper, J. (2012). Boundaryless careers: Bringing back boundaries. *Organization Studies*, *33*(3), 323-340.

勝原裕美子・ウィリアムソン彰子・尾形真実哉 (2005).「新人看護師のリアリティ・ショックの実態と類型化の試み」『日本看護管理学会誌』*9*(1), 30-37.

King, Z. (2004). Career self-management: Its nature, causes and consequences. *Journal of*

Vocational Behavior, *65*(1), 112-133.

King, Z., Burke, S., & Pemberton, J. (2005). The 'bounded' career: An empirical study of human capital, career mobility and employment outcomes in a mediated labour market. *Human Relations*, *58*(8), 981-1007.

小池和男(1993).『アメリカのホワイトカラー』東洋経済新報社.

Krumboltz, J. D. (2009). The happenstance learning theory. *Journal of Career Assessment*, *17*(2), 135-154.

Krumboltz, J.D., and Levin, A.S. (2004). *Luck is no accident: Making most of Happenstance in your life and career*. CA: Impact Publishers.（花田光世・大木紀子・宮地夕紀子訳『その幸運は偶然ではないんです!』ダイヤモンド社, 2005年）

Lee, T. W., & Mitchell, T. R. (1994). An alternative approach: The unfolding model of voluntary employee turnover. *Academy of Management Review*, *19*(1), 51-89.

Lee, T. W., Mitchell, T. R., Wise, L., & Fireman, S. (1996). An unfolding model of voluntary employee turnover. *Academy of Management Journal*, *39*(1), 5-36.

Lent, R. W., Brown, S. D., & Hackett, G. (1994). Toward a unifying social cognitive theory of career and academic interest, choice, and performance. *Journal of Vocational Behavior*, *45*(1), 79-122.

Lewin, K. (1936). *Principles of topological psychology*. NY: McGraw Hill.（猪俣佐登留訳『社会科学における場の理論』誠信書房, 1956年）

Lorenz, E. N. (1995). *The essence of chaos*. University of Washington press.（杉山勝・杉山智子訳『ローレンツ ― カオスのエッセンス』共立出版, 1997年）

Miller, M. J. (1983). The role of happenstance in career choice. *Vocational Guidance Quarterly*, *32*(1), 16-20.

Mitchell, K. E., Levin, A. S., & Krumboltz, J. D. (1999). Planned happenstance: Constructing unexpected career opportunities. *Journal of Counseling & Development*, *77*(2), 115-124.

Mitchell, T. R., Holtom, B. C., Lee, T. W., Sablynski, C. J., & Erez, M. (2001). Why people stay: Using job embeddedness to predict voluntary turnover. *Academy of Management Journal*, *44*(6), 1102-1121.

Morrell, K., Loan‐Clarke, J., & Wilkinson, A. (2004). The role of shocks in employee turnover. *British Journal of Management*, *15*(4), 335-349.

内藤寿喜子・木村チヅ子・川畑貴美子(1986).「リアリティ・ショック新卒看護婦をどう支えていくか」『看護展望』*45*, 23-28.

Nalis, I., Kubicek, B., & Korunka, C. (2021). From shock to shift-A qualitative analysis of accounts in mid-career about changes in the career path. *Frontiers in Psychology*, *12*, 507.

Nicholson, N. (1990). The transition cycle: Causes, outcomes, processes and forms. In S. Fisher and C. L. Cooper (eds.), *On the move: The psychology of change and transition* (pp.83-108). Chichester, UK: John Wiley & Sons.

尾形真実哉 (2008).「若年就業者のキャリア展望と組織定着の関係に関する実証研究：専門職従事者と非専門職従事者の比較を通じて」『甲南経営研究』*49*(3), 41-65.

尾形真実哉 (2009).「導入時研修が新人の組織社会化に与える影響の分析：組織社会化戦術の観点から」『甲南経営研究』*49*(4), 19-61.

尾形真実哉 (2012a).「リアリティ・ショックが若年就業者の組織適応に与える影響の実証研究」『組織科学』*45*(3), 49-66.

尾形真実哉 (2012b).「リアリティ・ショック (reality shock) の概念整理」『甲南経営研究』*53*(1), 85-126.

小川憲彦 (2003).「大卒者のキャリア初期段階における衝動的離職プロセス」『六甲台論集. 経営学編』*50*(2), 49-77.

小川憲彦 (2005).「リアリティ・ショックが若年者の就業意識に及ぼす影響」『経営行動科学』*18*(1), 31-44.

Phillips, J. M. (1998). Effects of realistic job previews on multiple organizational outcomes: A meta-analysis. *Academy of Management Journal, 41*(6), 673-690.

Pryor, R. G., & Bright, J. E. (2003). The chaos theory of careers. *Australian Journal of Career Development, 12*(3), 12-20.

Pryor, R. G., & Bright, J. E. (2012). The value of failing in career development: A chaos theory perspective. *International Journal for Educational and Vocational Guidance, 12*(1), 67-79.

Richardson, J., & McKenna, S. (2020). An exploration of career sustainability in and after professional sport. *Journal of Vocational Behavior, 117*, 103314.

Rigotti, T. (2009). Enough is enough? Threshold models for the relationship between psychological contract breach and job-related attitudes. *European Journal of Work and Organizational Psychology, 18*(4), 442-463.

Rodrigues, R. A., & Guest, D. (2010). Have careers become boundaryless? *Human Relations, 63*(8), 1157-1175.

Roe, A., & Baruch, R. (1967). Occupational changes in the adult years. *Personnel Administration, 30*(4), 26-30.

Rummel, S., Akkermans, J., Blokker, R., & Van Gelderen, M. (2019). Shocks and entrepreneurship: A study of career shocks among newly graduated entrepreneurs. *Career Development International*.

Schein, E. H. (1978). *Career dynamics: Matching individual and organizational needs* (Vol. 6834). Addison Wesley Publishing Company.（二村敏子・三善勝代訳『キャリア・ダイナ

ミクス―キャリアとは、生涯を通しての人間の生き方・表現である』白桃書房, 1991 年)

Scott, J., & Hatalla, J. (1990). The influence of chance and contingency factors on career patterns of college-educated women. *The Career Development Quarterly*, *39*(1), 18-30.

Seibert, S. E., Kraimer, M. L., & Heslin, P. A. (2016). Developing career resilience and adaptability. *Organizational Dynamics*, *45*(3), 245-257.

Seibert, S. E., Kraimer, M. L., Holtom, B. C., & Pierotti, A. J. (2013). Even the best laid plans sometimes go askew: Career self-management processes, career shocks, and the decision to pursue graduate education. *Journal of Applied Psychology*, *98*(1), 169-182.

Super, D. E. (1957). *The psychology of careers: An introduction to vocational development*. NY: Harper.

Taleb, N.N. (2012). *Antifragile: How to live in a world we don't understand* (Vol.3). London: Allen Lane.

Van der Heijden, B. I. J. M., & De Vos, A. (2015). Sustainable careers: Introductory chapter. In A. De Vos & B. I. J. M. Van der Heijden (eds.), *Handbook of research on sustainable careers* (pp.1-19). Cheltenham, UK: Edward Elgar Publishing.

Wanous, J. P. (1973). Effects of a realistic job preview on job acceptance, job attitudes, and job survival. *Journal of Applied Psychology*, *58*(3), 327.

Wanous, J. P. (1992). *Organizational entry: Recruitment, selection, orientation, and socialization of newcomers*. Prentice Hall.

Weiss, H. M., & Cropanzano, R. (1996). Affective events theory: A theoretical discussion of the structure, causes and consequences of affective experiences at work. *Research in Organizational Behavior, 18*, 1-74.

Williams, E. N., Soeprapto, E., Like, K., Touradji, P., Hess, S., & Hill, C. E. (1998). Perceptions of serendipity: Career paths of prominent academic women in counseling psychology. *Journal of Counseling Psychology*, *45*(4), 379-389.

Zeitz, G., Blau, G., & Fertig, J. (2009). Boundaryless careers and institutional resources. *The International Journal of Human Resource Management*, *20*(2), 372-398.

Zikic, J., & Richardson, J. (2007). Unlocking the careers of business professionals following job loss: Sensemaking and career exploration of older workers. *Canadian Journal of Administrative Sciences, 24*(1), 58-73.

第5章
持続可能なキャリアを導く自己概念
—— 暫定自己と仕事における未来自己 ——

キーワード　時間的展望、自己概念、可能自己、暫定自己、仕事における未来自己

　本章では、変化が激しく、先の見通しが難しい環境の中で、なりたい自分に向けて個人のキャリアを導く未来の自己概念に注目する。とりわけ、「暫定自己」「仕事における未来自己」という2つの自己概念に焦点をあてる。これまでのキャリア研究は、振り返りや意味づけなど回顧的な面が中心であったが、将来が不確実になるに伴い、新たなキャリア・アイデンティティの構築や未来の理想像の形成など、未来志向の視点を取り入れる必要性が高まっている。「暫定自己」は、新しい仕事への適応やキャリア・チェンジにあたり、ひとはどのようにキャリア・アイデンティティを再構築するのか、「仕事における未来自己」は、なぜひとは不確実な未来に向けて能動的な行動が取れるのか、について理解する手がかりを与えてくれる。これらの概念は、いまだ萌芽段階にあるが、不確実な環境の中での持続可能なキャリアを考える上で欠かせない視点であり、今後、理解を深めるべきテーマである。

1. はじめに

　本章では、変化が激しく先の見通しが難しい環境の中で、なりたい自分に向けて、個人のキャリアを導く未来の自己概念に注目する。とりわけ、今後の発展が期待される「暫定自己」(provisional selves: Ibarra, 1999, 2003, 2005) と「仕事における未来自己」(future work selves: Strauss et al., 2012; Anseel et al., 2017; Strauss & Kelly, 2017) という 2 つの概念について、理解を深め、今後の研究課題を探っていく。

　キャリアとは「個人が長年にわたって積み重ねた仕事経験のつながり」(Arthur et al., 1989)、あるいは「あるひとの生涯にわたる仕事関連の諸経験や諸活動と結びついた、態度や行動における個人的に知覚された連続」(Hall, 1976) と定義される。いずれの定義も、長年あるいは生涯にわたるという点を含めているとおり、モチベーションや職務満足のようにある時点で短期的に捉えられる他の組織行動論の概念と異なり、長い時間の流れの中で捉えられる点がキャリアという概念の特徴である。金井 (2002) は、キャリアにおける時間軸という点を重視し、キャリアの分岐点となるいくつかの節目において、将来をどう展望し、過去をどう意味づけるかがキャリアの本質であるという。Lewin (1951; 邦訳 86 頁) は、こうした「ある与えられた時に存在する個人の心理学的未来及び心理学的過去の見解の総体」を時間的展望 (time perspective) と呼び、その状態が個人の幸福や満足に大きな影響を与えるという。

　「持続可能なキャリア」というキャリア研究における新たなパラダイムの提唱者である Van der Heijden & De Vos (2015) は、キャリアの時間的展望に極めて大きな影響を与える変化がこの数十年間に 2 つあったと指摘する。

　その 1 つは、自分のキャリアにこの先何が起こるのかの見通しが立ちづらくなったことである。この背景には、グローバル化の加速や情報技術の飛躍的な発達により、組織の安定性が揺らぎ、また個人もキャリアにおいて、1 つの

組織にとらわれなくなった (Arthur & Rousseau,1996) という変化がある。

　もう 1 つは、「人生 100 年時代」(Gratton & Scott, 2016) との認識が共有されたことで、多くのひとが今後長くなると予想される就労期間に備えて、長期の時間軸でキャリアを考え始めたことである。

　これまでのキャリア研究は、その大半が振り返りや意味づけなど回顧的な面に主たる関心があり、未来への時間的展望といった面については、十分な注意が向けられてこなかった。その理由としては、伝統的なキャリア論では、安定した組織内での、ある程度予測できる発達課題を乗り越えていくキャリアが念頭に置かれていたことや、いわゆるニューキャリア論では、組織間移動など比較的短期の適応に焦点があてられていたことが考えられる。

　尾形・金井 (2008) は、時間的展望があることで、ひとは将来が不安になり緊張し、あるいは、夢や希望を抱くという。そして、時間的展望がひとの行動に影響を与えることから、時間的展望の視点を組織行動研究に明示的に取り入れることを提案している。持続可能なキャリアにおいても、個人、文脈、時間の 3 つの視点を重視し、不確実な未来という文脈において、ひとはどのように将来を展望して、環境に働きかけたり、変化に適応したりするのかを重要なテーマと位置づけている。将来がますます不確実になる中で、キャリア研究において未来志向の視点はますます重要になるであろう。

　こうした観点から、本章では「暫定自己」「仕事における未来自己」という、なりたい自分に向けて個人のキャリアを導く未来の自己概念に注目する。最初に、心理学の分野で研究蓄積があり、この 2 つの概念がともに理論的に依拠する可能自己 (possible selves: Markus & Nurius, 1986) という概念について見ていく。

2. 可能自己について

　キャリア研究に発達論からのアプローチ[1]で大きな影響を与えたSuper (1963) は、キャリアを自己概念の発達という観点から捉えた。すなわち、キャリア発達とは、自己概念を形成し、職業的用語へ翻訳し、それを実現するプロセスであり、仕事から得る満足の程度は、自己概念を具現化できた程度に比例するとした。そして、キャリアにおける自己概念とは、キャリアにおいて「個人が主観的に形成してきた自己概念」（主観的自己）と「他者からの客観的なフィードバックにもとづき自己により形成された自己概念」（客観的自己）の両者が様々な経験を通じて統合されたものを指すとした。このようにSuperは、キャリアにおける自己概念は、環境と自己の相互作用により構築されると考えた。

　こうした考え方に対し、必ずしも過去や経験にしばられない、複数の可能な自分のありようからなる自己概念もあると考えたのが、可能自己という概念である。Markus & Nurius (1986) は、210名の大学生男女に対して、性格、ライフスタイル、肉体、能力、他者の感情の感じ方、職業的選択肢の6つの領域において、合計150の自己概念のリストを示し、過去の自己、現在の自己、可能自己、予期される自己のそれぞれについて、あてはまるものはどれかを尋ねた。そして、過去の自己と現在の自己との相関は高い（$r = .68$）が、可能自己と現在の自己との相関は低い（$r = .21$）ことから、現在の自己に縛られない可能自己の存在を示唆した。

　かねてから、心理学研究では、未来の理想像に多くの関心が寄せられ、理想自己と現実自己の一致を適応と捉える考え方が、精神療法家や臨床心理学者に

1　渡辺 (2007) は、これまでのキャリア研究には、特性論からのアプローチ、精神力動からのアプローチ、学習理論からのアプローチ、発達論からのアプローチの4つがあるとする。

より支持されてきた (Rogers, 1951; Higgins, 1987)。Higgins (1987) は、自己不一致理論 (Self-Discrepancy Theory) を唱え、理想自己と現実自己、こうあるべきという義務自己と現実自己のズレが落胆や動揺といった感情を生みだすと主張した。ここでHigginsのいう理想自己にはポジティブな面しか含まれないのに対し、理想自己の中に、ネガティブな理想自己、すなわち、回避したい自己も含まれると考えたのがMarkus & Nurius (1986) の可能自己である。可能自己には、未来において自分はどのようになりたいのか（希望自己）、実際にはどうなりそうだと考えているのか（予期自己）、そして、どのようになることを恐れているのか（不安自己）の3つの自己が含まれるとされる。

　可能自己という概念のもう1つ重要な点は、活性化した自己 (working self-concept) という考え方を示した点にある。自己概念については、かねてからそれが安定しているのか変化するのか、唯一の真の自己があるのか多くの自己があるのかといった議論の対立があった (Wylie, 1979)。こうした議論に対して、Markus & Nurius (1986)は、活性化した自己という考え方を示し、可能自己は全体としては安定しているものの、過去にしばられず、社会的制約も受けないため、その時々の状況に影響を受けやすく、活性化した部分は変化すると説明した。また、唯一の真の自己があるのか多くの自己があるのかという議論については、可能自己は、様々な可能性を秘めた多様な自己概念の集合であり、個人が継続的に持つ希望、恐れの表象という意味で一つひとつが真の自己だとした。

　Markus & Wurf (1987) によると、可能自己には2つの機能があるとされる。1つ目は、なりたい自己に到達できるよう、あるいは、なりたくない自己を避けるよう、行動を動機づける機能である。1つ目の行動を動機づける機能のメカニズムは図 5-1 のとおりである。すなわち、個人内部の様々な自己概念の集合の中から、環境から何らかの刺激を受けた、あるいは、やり遂げたいとの思いが高まった部分が活性化する。そうして活性化した自己が情報処理、感情制御、モチベーションといった個人の内面的行動や、他者との相互作用などの対人的行動に影響を与える。こうしたメカニズムにより、一貫性や連続性を維持したいという欲求を維持しながら、何かに挑戦して自己実現を果たしたいとの

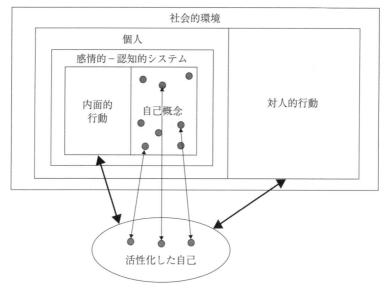

図 5-1 　活性化した自己のメカニズム
（出典）Markus & Wurf（1987, p.315）

欲求を持つことが可能になる。

　Oyserman & Markus（1990）は、非行少年と非行のない少年の比較を行い、非行の程度と可能自己がどう関係するのかを検討した。そして、非行が進んでいるひとほど、同一領域内におけるポジティブな可能自己とネガティブな可能自己のバランスが崩れているとの結果を得て、こうしたひとたちは、未来に対する希望はあるが、不安を伴わないために、目標の実現に向けた行動が動機づけられず、行動をコントロールできないと結論づけた。そして、希望と不安がセットになっている状態を可能自己のバランスが取れていると呼び、こうしたバランスが取れていることが個人の行動を動機づけると説明した。

　ここで注目すべきは、ひとを動機づける要因が、これまでのモチベーション理論が取り上げてきたような具体的な目標やその実現への期待ではなく、未来に関する自己概念だとされている点である。すなわち、ここでは、ひとは自らのアイデンティティと整合する未来の理想像に近づくよう動機づけられると考えるのである。

　可能自己の２つ目の機能は、現在の自己に対して認知的、解釈的評価を与える機能である。例えば、希望の仕事に就けなかったことで「自分は仕事ができないプロフェッショナルだ」というネガティブな可能自己が活性化すれば、その事実は単なる不運の１つで済まされず、自尊心全体を大きく傷つけることにつながるであろう。逆に、資格試験に合格したことで「自分は仕事ができるプロフェッショナルだ」というポジティブな可能自己が活性化すれば、その事実は、単なる資格試験の合格を意味するだけでなく、将来博士号を取り、研究プログラムをリードし、サバティカル休暇で南仏に行くといったポジティブな自己イメージを膨らませるだろう。すなわち、ある事実により、ネガティブな可能自己が活性化すれば、自分全体が否定された気分になり、逆の場合はその反対になるといえる。Markus & Nurius (1986) は、135 名のサンプルを用いた調査を通じて、自尊心、悪感情、絶望感といった感情に対し、可能自己が現在の自己の影響を統制した後にも、追加的な影響力を持つとの分析結果を示している。

　この現在の自己に対する認知的、解釈的評価を与える機能は、現在の自分を肯定し、守る役割を果たす。例えば、引退が近づき、人生で追い求めていた目標を諦めるような場合であっても、可能自己を再構築することで、ひとは自分の人生を受け入れられるようになる (Cross & Markus, 1991)。現代のように、不確実性が高い時代においては、ひとは大きな挫折や思いがけないショックに直面する可能性にさらされている。そうした転機においては、ひとはそれまでの自分のありように終止符を打つことで、次の展望を見出すという心理プロセスを辿ることがわかっている (Bridges, 1980)。現在の自己に対する認知的、解釈的評価を与える可能自己の機能は、こうした心理プロセスを理解するヒントになるのではと考えられる。

3. 暫定自己について

　これまで述べてきた可能自己の考え方を明示的にキャリア研究に応用した代表がIbarra (1999, 2003, 2005) の「暫定自己」に関する研究である。暫定自己という概念は、個人が何らかのキャリア上の大きな変化に直面した際、自己概念を再構築するプロセスを理解するために生み出された。

　これまでのキャリア研究において、自己概念とは、統一されたものであり、とりわけ成人期においては安定的なものとされてきた。例えば、Schein (1990) は、個人の仕事上の能力、価値観、動機づけを統合した自己概念であるキャリア・アンカーは1人に1つであり、外部の劇的な変化に直面しても、ミッド・キャリアの時期まではあまり変化しないとした。そして、キャリア・チェンジのほとんどは仕事や環境に原因があり、キャリア・アンカーが変わったからではないと主張した。

　しかし、不確実性の高い現代を生きる個人は、ミッド・キャリアにおいても、キャリア・アイデンティティ[2]の見直しを余儀なくされることがあり、また、キャリア・アイデンティティの見直しが必要になるような、大胆なキャリア・チェンジを行うことが珍しくない (Ibarra, 2003)。こうした変化の激しい時代において、個人がキャリア・アイデンティティを見直すプロセスを理解するために提唱されたのが暫定自己という概念である。

　キャリア発達のために、キャリア・アイデンティティを持つことの重要性

2　キャリア・アイデンティティとは、Hall (2002) によると、自分の価値観、興味、能力、計画に気づいている程度、そして、過去、現在、未来の自己概念が統合されている程度の2つの要素から成り立つものだとされる。また、Ibarra (2003) によると、個人が職業人生をどう生きようと考えるのかを指すものだとされる。すなわち、過去、現在、未来を貫く自分らしいキャリアのあり方についての自己概念がキャリア・アイデンティティだといえる。

は、かねてから指摘されてきた。例えば、Hall (2002) は、心理的成功を求めて変幻自在に姿を変えるプロティアン・キャリアを歩むには、変化への適応を可能にするアダプタビリティと羅針盤となるアイデンティティとの2つのメタ・コンピテンシーが必要になるとした。アイデンティティがなければ、ただ変化に自分を合わせるだけになってしまい、本当の意味での心理的成功を実現できないからである。また、Savickas (2002) は、キャリアは環境変化に適応する中で、個人が構築するものになったというキャリア構築理論を提唱し、自分らしいキャリアを構築するには、環境への柔軟な適応を可能にするキャリア・アダプタビリティと生涯を貫くライフテーマが必要だとした。いずれの主張も、環境変化への適応を支える心理的資源だけでなく羅針盤となる何らかのアイデンティティが必要だとする点で共通している。Ibarraが注目したのは、このキャリア・アイデンティティの再構築プロセスである。

　Ibarra (1999) は、それまでのキャリア研究は、職務上の要求と内的な価値観のマッチングには注目してきたが、両者のダイナミックなマッチングプロセスは明らかにしてこなかったと指摘する。また、可能自己についても、自己概念の見直しに迫られた個人が、どのようにして古い自己概念を見直し、新たな自己概念を獲得するのかといったプロセスが議論されず、あたかも多様な自己概念の持ち合わせの中から新しい自己が取り出せるかのように議論されていると批判した。

　そして、専門的、管理的な仕事から、顧客対応の仕事に移ることになった34名の若手コンサルタントや投資銀行社員へのインタビューを通じて、可能自己から得られるのは、新たに獲得する自己概念の暫定版であり、それを実際の仕事の場面で試し、様々なフィードバックを得る中で、新たな自己概念が構築されるというプロセスを明らかにした。この分析を通じて、暫定自己という概念を生み出し、暫定自己は、可能自己の概念に依拠するものの、それとは異なるものだと主張した。

　Ibarra (1999) は、新たな仕事役割に就いた場合に、その仕事役割の関係者からの信頼を得つつ、同時に自らの自己概念に合致する仕事上のアイデンティを獲得するプロセスを図5-2のとおりモデル化した。そのプロセスは、ロール

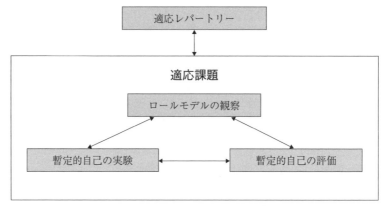

図5-2　新たな仕事役割への適応プロセス

（出典）Ibarra (1999, p.787)

モデルを観察して、その役割に求められる原型を理解し、自分のアイデンティティとマッチしそうな暫定自己を検討する → 選んだ暫定自己を実際の場面で試してみる → 自分自身の内部評価、他者からの外部評価を踏まえて、どの暫定自己を残しどれを捨てるかを決める、という順で進むとされる。

　なお、このモデル図において、新たに獲得した自己概念は適応レパートリーと呼ばれる。適応レパートリーとは、自分の手の内にあった可能自己をもとに、新たに創造した自己概念である。

　次に、Ibarra (2003) は、様々な職業のひとがキャリア・チェンジをどう実践したかについて分析し、キャリア・チェンジのためには、キャリア・アイデンティティの修正が必要になること、その修正は「行動してから考える」という順で行われることを明らかにした。キャリア・アイデンティティの過渡期においては、将来の自己像を探る → 新旧のアイデンティティの間に留まる → 大きな変化の基盤を築くというサイクルを回し続けることで、自分はどんな人間か、自分は何をするのかという2つの答えの矛盾が減り、最終的に新たなキャリア・アイデンティティの獲得に至る。すなわち、キャリア・アイデンティティの修正は、それまでのアイデンティティを捨て去るのではなく、可能自己の集合の中から、暫定自己を選び出し、実験とフィードバックを通じて学

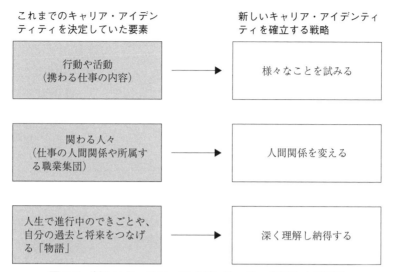

これまでのキャリア・アイデンティティを決定していた要素

| 行動や活動 (携わる仕事の内容) |

→ 様々なことを試みる

関わる人々 (仕事の人間関係や所属する職業集団)

→ 人間関係を変える

人生で進行中のできごとや、自分の過去と将来をつなげる「物語」

→ 深く理解し納得する

新しいキャリア・アイデンティティを確立する戦略

図 5-3　新しいキャリア・アイデンティティを確立する戦略
（出典）Ibarra（2003, 邦訳 42 頁）

ぶプロセスを通じて行われるというのである。

　Ibarra（2003）は、新旧のアイデンティティの間で揺れる中間期に注目し、矛盾を抱えながら新たなアイデンティティを模索するという苦しい過渡期を乗り越えなければ、新しいアイデンティティを手に入れることはできないという。そして、この中間期をうまく乗り越える方法を、様々なことを試みる、人間関係を変える、深く理解し納得する、という図 5-3 の 3 つの戦略にまとめている。すなわち、新しいことを始め、いままでと違うひとたちと交流し、生まれたばかりの可能性というレンズを通して人生の物語を解釈し直すことで、キャリア・アイデンティティは変えられるというのである。

　このように暫定自己という概念は、先が見えない中で、新たな職務役割への適応を求められたり、キャリア・チェンジに悩んだりといった場面において、個人が、新たなキャリア・アイデンティティを手に入れるプロセスを理解する手がかりを与えてくれる。

4. 仕事における未来自己について

(1) 仕事における未来自己という概念

　可能自己をキャリア研究に応用したもう1つの代表が「仕事における未来自己」に関する研究 (Strauss et al., 2012; Anseel et al., 2017; Strauss & Kelly, 2017) である。未来志向のキャリア研究が乏しい中で、暫定自己と並び今後の発展が期待される研究である。

　仕事における未来自己という概念は、不確実な環境下で、将来につながる能動的なキャリア行動はどのように動機づけられるのといった研究関心から生み出された。キャリア研究では、1990年代以降にプロティアン・キャリア (Hall, 1996) やバウンダリレス・キャリア (Arthur & Rousseau, 1996) などのニューキャリア論が登場したことで、キャリアにおける個人の主体性に多くの注目が集まるようになった。こうした論者は、自らの価値観や欲求に沿うキャリアを歩むこと (Hall, 2002) 、生涯を通じて自分のエンプロイアビリティを維持すること (Fugate et al., 2004) は個人の責任だと主張し、キャリアにおける個人の主体性を強調した。

　これとほぼ同時期に、組織行動論の分野において、プロアクティブ行動[3] (proactive behavior: Parker, Williams & Turner, 2006) と呼ばれる概念を用いて、不確実な環境下における個人の能動的な行動を説明する研究が活発になった。こうした流れを受けて、キャリア研究においても、キャリア計画、スキル開発、キャリア相談、ネットワーキングといった個人の能動的なキャリア行動 (proactive career behavior: Parker & Collins, 2010) への関心が高まり、こう

3　プロアクティブ行動とは、組織に関係する何らかの出来事や問題に対して、発生した後に対応するのではなく事前に予見して、自身や状況を変えるよう統制をはかる主体的な個人の行動のことを指す。

した能動的なキャリア行動が、キャリア成功 (Seibert et al., 2001)、仕事成果 (Thompson, 2005)、仕事への態度 (Thomas et al., 2010) などに好ましい影響をもたらすことが次々と明らかにされた。

その後、関心は次第に、能動的なキャリア行動は何に動機づけられるのかという点に向けられるようになった。こうした行動はすぐ役立つものではないため、功利的な考え方では十分な説明ができず、また、ネットワーキングやフィードバック探索といった行動には、自分のイメージを悪くする (Ashford et al., 2003)、あるいは自尊心を傷つける (Ashford & Cummings, 1983) といったリスクがあるため、何らかの動機づけがなければ活動の継続が難しいと考えられたからである。

こうした背景のもとで、可能自己の概念に依拠しつつ、能動的なキャリア行動を動機づけるメカニズムを説明しようとしたのが、Strauss et al. (2012) の仕事における未来自己である。すでに述べたとおり、可能自己には、将来に向けた行動を動機づける機能がある (Markus & Wurf, 1987)。仕事における未来自己は、可能自己のこうした機能に注目することで、個人の能動的なキャリア行動を説明しようとしたのである。

仕事における未来自己は「仕事に関する個人的に重要な希望や抱負が込められた未来における自己像」(Strauss et al., 2012, p.581) と定義される[4]。

Strauss et al. (2012) によると、仕事における未来自己には、次の3つの特徴があるという。

1つ目は、過去や現在にしばられない、未来における理想像だという点である。これまでのキャリア研究では、自己概念は、過去の経験に対する振り返りの中で形成されるとされてきた。可能自己における理想自己についても、過去にあきらめた自己 (Obodaru, 2012) や現在の自己 (Ibarra, 1999) が反映されているとされる。これに対し、仕事における未来自己は、過去や現在の自己像から切り離されている点が強調されている。純粋な未来の自己像であるがゆえ

4　原文は、representations of the self in the future that encapsulate individually significant hopes and aspirations in relation to work.

に、クリエイティブな発想で可能性を広げることができ、また、過去や現在の自己像と乖離しているがゆえに、その実現に向けた行動を動機づけるというのである (Strauss, 2010)。

2つ目は、可能自己がなりたくない自己というネガティブな理想自己を含むのに対して、仕事における未来自己は、なりたい自己というポジティブな理想自己にのみ注目するという点である。可能自己の研究においては、ポジティブな希望自己とネガティブな不安自己のバランスが取れているときに、モチベーションが最大になるとされる (Oyserman & Markus, 1990) が、仕事における未来自己はポジティブな自己にのみ注目する。その理由について Strauss (2010) は、不安自己の機能は望ましくない行動を抑制することにあり、将来に向けた能動的な行動の動機づけは、希望自己が担うからだと説明している。

3つ目は、自己概念を仕事関係に限定するという点である。仕事関係に限定するがゆえに、仕事分野での動機づけをよく説明できるとされる。

さらに、Strauss et al. (2012) は、仕事における未来自己が能動的なキャリア行動を導くためには、それが「顕著になっている (salience)」「詳細になっている (elaboration)」の2点が必要だという。

①顕著になっている

「顕著になっている」とは、本人にとってイメージしやすく、頻繁に想起できること、いわば、頭のワーキング・メモリーに、いつでもすぐ取り出せる状態にあることを意味する。

Strauss & Kelly (2017) は、仕事における未来自己が「顕著になっている」ことは、次の3つのプロセスを経由して、能動的なキャリア行動を動機づけると説明する。

1つ目は、現在の自己と理想の未来自己の乖離である。この乖離が、目標設定や主体的な行動を生み出す。

2つ目は、本当になりたい理想像の形成である。未来自己は時間的に遠くにあるため、あまり現実的になる必要がなく、自分の価値観や自分らしさと一致した本当になりたい自己像として思い描くことが可能になる。

　3つ目は、将来イメージにもとづくシミュレーションである。将来望む役割を果たすシミュレーションを心の中で行うことで、どのようなスキルが足りないのかといった自覚が生み出される。

②詳細になっている

　「詳細になっている」とは、広範囲にわたり複雑な細部までが描かれていることを意味する。

　Niedenthal et al. (1992) は、自己複雑性理論 (Self-Complexity Theory: Linville, 1987) にもとづき、可能自己を構成する要素が少ない場合、ネガティブなフィードバックに対して脆弱になるため、将来のためにフィードバックを受けることや、不測の環境変化に備えることを避けがちになる傾向がある一方で、可能自己が多くの構成要素から詳細に描かれる場合、ネガティブなフィードバックを受容する力が高まり、外部環境からのフィードバックを柔軟に受け止めながら、粘り強く未来志向の行動を継続することが可能になるという。理想の自分と乖離した現実など、ネガティブなフィードバックが避けられない中で、仕事における未来自己を維持していくには、それが「詳細になっている」ことで、フィードバックへの受容性を高めておくことが必要であろう。

(2) 仕事における未来自己がキャリアにもたらす影響

　Strauss et al. (2012) は、5つの質問項目[5]を用いて、仕事における未来自己の顕著さと能動的なキャリア行動との関係を検討する実証研究を行い、次の3点を明らかにした。

　1つ目は、仕事における未来自己は、キャリア・コミットメント (career commitment: Blau, 1985)、キャリア抱負 (career aspiration: Gray & O'Brien,

---

5　5つの質問項目とは次のとおりである。①仕事における未来の自己像を容易に思い浮かべることができる、②心の中にあるこの未来像は明瞭である、③未来を想像することは大変容易である、④未来の仕事においてどうなりたいのか、何になりたいのか大変はっきりしている、⑤仕事関係でどのようなタイプの未来を望むのか心の中で大変はっきりしている。

2007)、未来志向 (future orientation: Super, 1974) とは弁別される別の概念だということである。現在の仕事や職業に限定されない点でキャリア・コミットメントとは異なり、また、昇進やリーダーシップなどの役割だけを目指すものではない点でキャリア抱負とは異なる。さらに、仕事における自己像に焦点をあてる点で、単なる未来志向とは異なる。

　2つ目は、仕事における未来自己は将来の能動的なキャリア行動の先行要因になるということである。仕事における未来自己が6か月後の能動的なキャリア行動に有意な正の影響を与えることが分析により示された。

　3つ目は、仕事における未来自己は、仕事における未来自己の詳細さの程度が高い時に、能動的なキャリア行動をより強く動機づけるということである。

　Anseel & Strauss (2017) は、能動的なフィードバック探索やフィードバックによる自己改善が何に動機づけられるかに注目し、顕著になった未来自己がそうした能動的なキャリア行動を生み出すメカニズムを、解釈レベル理論 (Construal Level Theory: Liberman & Trope, 2008; Trope & Liberman, 2010) を用いて説明している。

　解釈レベル理論とは、対象に対して感じる心理的距離の違いが、解釈レベルの高さに影響を与え、対象の捉え方を変化させるという理論である。この理論では、ひとは対象を遠く（時間的、空間的、社会的、仮想性）に感じると、解釈レベルが高次になり、抽象的、本質的、目標関連的に捉えるという。

　その反対に、対象を近くに感じると、具体的、副次的、目標非関連的に捉えるようになるという。図5-4が示すとおり、未来自己が顕著であることが、今の出来事を未来につながる時間的距離のある出来事と感じさせ、解釈レベルを高次にする。そのことで、今の自分を肯定したいという自己高揚動機ではなく、よりよい自分になりたいという自己改善動機が高まる。そして、ネガティブなフィードバックに対する受容性が高まり（Belding et al., 2015）、フィードバック探索やフィードバックによる自己改善を能動的に行うようになるというのである。

　仕事における未来自己が、能動的なキャリア行動に対してもたらす影響や影

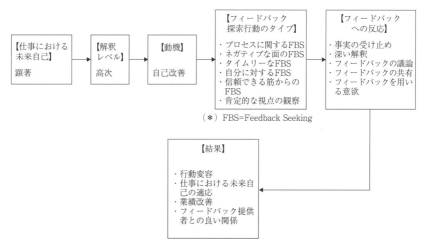

図 5-4　仕事における未来自己がフィードバック関連行動に影響を与えるプロセ
　　　　スモデル

（出典）Anseel & Strauss (2017, p.308) をもとに筆者作成

響を与えるメカニズムは徐々に明らかにされつつある。しかし、個人は仕事に
おける未来自己をどのように獲得し、また、それをどのような場合に修正する
のであろうか。

　新たなキャリア・アイデンティティの獲得について Ibarra (1999) は、新た
な仕事役割への適応の場合は、ロールモデルの果たす役割が重要だと指摘す
る。しかし、仕事における未来自己については、それがどのようなプロセスで
構築されるのか、何が先行要因となり、どのような要因によりその構築が促進
（阻害）されるかについては必ずしも明らかではない。

　また、可能自己の修正について、Carrol et al. (2009) や Carrol (2014) は、ひ
とは希望自己の実現につながる目標が達成できた時、可能自己へのこだわりを
強め、できなかった時にその反対にこだわりを弱めるという対応関係があると
いう。

　しかし、Strauss & Kelly (2017) は、仕事における未来自己については、そ
れが顕著になっている場合、ポジティブなフィードバックで強化され、ネガ
ティブなフィードバックで弱められるといった、単純な関係が成り立つかどう

かは必ずしも明らかではないと批判しており、今後の研究課題となっている。

Strauss et al. (2012) が嚆矢となり、仕事における未来自己が能動的なキャリ
ア行動に与える影響についての実証研究が、近年、活発化しつつある。

Zhang et al. (2014) は、中国のいろいろな組織で働く 295 名の新入社員を対
象にした縦断研究を通じて、仕事における未来自己が顕著である新入社員は、
自発的な学習意欲が高く、フィードバック探索、同僚や先輩との関係構築、仕
事仲間との調整に積極的であることを明らかにしている。

また、Taber & Blankemeyer (2015) は、113 名の大学生から得たデータをも
とに、仕事における未来自己が、キャリア計画、スキル開発、キャリア相談、
ネットワーキングといった様々な能動的なキャリア行動を動機づけること、そ
して、キャリア・アダプタビリティの各次元が、その影響を強める調整効果を
持つことを明らかにしている。

さらに、仕事における未来自己が、能動的なキャリア行動だけでなく、主観
的、客観的なキャリア成果に影響を与えることが、いくつかの研究により明ら
かにされつつある。

Zhang et al. (2017) は、239 名の学生から得たデータをもとに縦断研究を行
い、仕事における未来自己が、6 か月後の人生の意味づけに正の影響を与え、
人生における意味づけがさらに 6 か月後の天職感に正の影響を与えるという
関係を明らかにしている。

Guan et al. (2014) は、中国の大学生 270 名を対象とした縦断研究を通じて、
仕事における未来自己が、キャリア・アダプタビリティと仕事探しの自己効力
感に媒介されて、仕事探しの結果に正の影響を与えることを明らかにし、仕事
における未来自己は、新たに職に就くひとの仕事探しにとって重要な役割を果
たすと結論づけている。

Lin et al. (2016) は、保険会社の社員 441 名とその直属の上司 98 名から集
めたデータから、仕事における未来自己の顕著さは、ワーク・エンゲイジメン
トに媒介されて、仕事の業績（上司評価、販売成果）に正の影響を与えること、
その影響は、上司のコーチングのレベルが高いほど大きいことを明らかにして
いる。

　なお、仕事における未来自己は、全く個人的な自己概念であるが、Strauss et al. (2012) は、これ以外に、特定の他者との理想的な関係を思い描く「関係的未来自己 (relational future selves)」や組織やチームの理想の状態を思い描く「集合的未来自己 (collective future selves)」という概念も今後の検討に値するテーマだという。そして、とりわけ、「集合的未来自己」は、リーダーのビジョンがメンバーの行動に影響を与えるメカニズムを理解する上で、重要ではないかと述べている。

5.　仕事における未来自己の具体事例

　仕事における未来自己の提唱者である Karoline Strauss 教授は、彼女自身の未来自己が、見通しの難しい学究のキャリアを歩む上で数々の挫折に見舞われながらも、重要な羅針盤の役割を果たしてきたことを個人史の形で紹介している (Strauss, 2021, pp.94-107)。ここでは、Strauss 教授の事例を通じて、仕事における未来自己への理解を深めていきたい。

　Strauss 教授が、学究の世界に入るきっかけは、「博士号を取る自分」という未来自己を持ったことであった。ウィーン大学心理学部の修士課程の学生であった 2004 年に、次のようなきっかけから「博士号を取る自分」を思い描くようになったと語る。

> 　たまたま、ミシガン大学の人格・社会心理学の博士プログラムのチラシを見かけた。そこには、秋のアナーバー（ミシガン大学が所在するアメリカの大学町）で、ウールのジャンパーを着た学生が真っ赤に色づいた紅葉の木の下で本を抱えているシーンが描かれていた。（中略）学究の世界が自分にも開かれていると感じられ始めた。そして、それまでの経営コンサルタントになるという未来自己を捨てて、博士号を目指そうと思った。

　Strauss 教授は、こうした未来自己に導かれて、オーストリアから言語も環境も異なるイギリスに渡り、シェフィールド大学の Mark Griffin 教授のもとで博士号を目指そうと決意する。Griffin 教授という優れた指導教員のもとで、

研究に打ち込む中で、次第に「大学教員になる自分」を思い描くようになる。

　しかし、最初の論文が学術雑誌から掲載拒否され、すっかり自信を喪失し、いったんは未来自己を見失ってしまう。Griffin教授とその妻のSharon Parker教授の2人が、自らの掲載拒否経験を語ってくれたおかげで冷静になり、「大学教員になる自分」という未来自己を取り戻す。その後、しばらくは、博士号を取った後はアメリカのビジネススクールに行く自分を夢見ていたという。

　　　博士号を取ったあとは、すぐにアメリカに渡り、ロッククライミングやアウトドアスポーツができる場所にあるビジネススクールで教員になりたいと考えていた。そこで、家の周囲にベランダがある家を手に入れ、スポーツ用多目的車を運転し…という自分を思い描いていた。

　しかし、またもStrauss教授は挫折に直面する。アメリカでの就職活動はうまくいかず、「大学教員になる自分」という未来自己は宙に浮いてしまう。このピンチを救ってくれたのはParker教授であった。Parker教授が研究資金を獲得したことで、ポスドクの職を得ることができ、研究員として1年が確保された。その後、しばらくは、イギリスの田舎でのんびり過ごす次のような自分を思い描いていたという。

　　　ウェールズの田舎で山小屋風の家に住み、ランドローバーに乗ってMBAの授業に通い、車の窓からは、牧羊犬が顔を出している。鶏を飼い、シーカヤックを習い…。

　しかし、周囲からの様々なアドバイスもあり、レベルの高い大学の職を目指そうと決める。幸い、論文が学術雑誌の掲載に向けて動き出したこともあり、イギリスにある2つの大学からオファーを得て、結局、博士号を取得したシェフィールド大学マネジメントスクールで講師の職に就く。講師として3年弱過ごした後、当時、大規模な変革を目指していたワーウィック大学のビジネススクールの准教授として招かれる。そこで2年半過ごすうちに、「動き続ける（on the move）自分」という、未来自己を思い描くようになり、その未来自己に導かれてフランスに渡ることになる。

（ワーウィック大学で）2 年半ほど経った頃に、新しい変化に向けた心の準備が
整い、新しい未来自己を思い描き始めた。自分をイギリスにしばりつけるものは
（友人や生活に関わる分野を除いて）何もなく、新しい国、新しい学校に行くこと
を考え始めた。そして、そのことを共著者でもある友人の前で口にしたことが、
新しいチャンスにつながった。

　友人が「あなたに合っていると思う」と言って推薦してくれたフランスの
トップスクールの 1 つである ESSEC ビジネススクールに応募したところ、首
尾よく採用される。イギリスからフランスに渡り、フランスのビジネススクー
ルという新しい環境のもとで「動き続ける自分」という未来自己に導かれて、
大学の管理業務という新しい仕事に挑戦する。

　　　ESSEC はイギリスのビジネススクールに比べてダイナミックな環境であり、
　　このことは、自分にとっては好都合であった。というのも、この頃自分は、管理
　　的な役割を果たすことで組織に貢献したいと思い始めていたからだ。何かを変え
　　る、新しいことを実施する、無から有を生むということをやりたいと思っていた。
　　ESSEC の起業家文化はこうしたことに適していた。

　Strauss 教授は、自分の条件に合う形で取り組むならば、大学の管理業務を
引き受けることは悪くないという。もともとは、頼まれた仕事を断ることが苦
手であったが、はっきりとした未来自己を持ったおかげで、受ける仕事と断る
仕事が明確になり、自分を望む未来に近づけてくれない仕事は、きっぱりと断
ることができるようになったと語る。
　Strauss 教授は、これまでのキャリアを振り返り、「なりたい姿を最優先する
自分」が自らの未来自己の中にあったと語る。そのような未来自己を持つよう
になったきっかけについて、次のようなエピソードを語っている。

　　　ウィーン大学の心理学の修士課程にいた時に、発達心理学の教授から「私が指
　　導している博士課程の女子学生や女性のリサーチアシスタントは自分のキャリア
　　にとってチャンスであっても、パートナーとの関係を気にして別の場所に移るこ
　　とを嫌がる。男性であればそんなことは気にしないのに」という話を聞いた。（中
　　略）自分はその逸話をノートに書きとめ「自分はそうはならない」と心に決めた。

自分はチャンスがあれば、どこへでも行くし、自分のパートナーには自分の選択
をサポートすることを求めようと思った。

　Strauss 教授は「なりたい姿を最優先する自分」があったから、安定した環
境を捨て 2 度も国境を越えることができ、イギリスでパートナーを見つけた
直後にフランスに行くという決断ができた。また、中国で講演を頼まれたから
といって家族のイベントを諦め、本の執筆をするためといってアルプスでの夏
休みを諦めることができたと振り返る。

　Strauss 教授が、今思い描くのは「他者の未来自己に影響を与える自分」で
ある。自分自身が「大学教員になる自分」という未来自己を持つことができた
のは、ウィーン大学の心理学部に一定数の女性教員がいたおかげであり、ロー
ルモデルを持つことができたことが大きかったと振り返る。そして、今度は、
自分自身がロールモデルとなりたいと願う。

　　私のところの博士課程の学生がベストの未来自己を持てるよう勇気づけたい
　し、彼らが自分の取り組む研究の質の高さや将来の可能性を信じられるよう手助
　けしたい。（中略）（学術の道を目指す中では、掲載拒否などの挫折もあるので）
　Griffin 教授が自分にしてくれたように、私自身が心配していないことを見せるこ
　とで、学生に楽観と自信の感覚を伝えたい。

　最後に、Strauss 教授は、自分の未来自己は実現したのだろうかと自問する。
そして、思い描いた未来はかなり実現したが、未来自己は永遠に変化し続ける
ものであり、自分自身の未来自己は永遠に過渡期にあるという。そして、今の
思いを次のように語っている。

　　今の自分は教授の仕事を愛しているが、それと全く違うことをする未来自己も
　あるかもしれない。未来自己は、なりたい自分にとって最も重要といえる要素を
　含んでおり、将来、自分はどこにいようとも、パズルを解き、ものを書き、若者
　が自分にとってベストの未来自己を持てるよう手助けしていると思う。

　Strauss 教授の事例が示すとおり、仕事における未来自己は、必ずしも思い

描いたとおり実現するものばかりではない。しかし、何度も書き直される中で、その時点でなりたい自分を反映し、先の見通しが難しい中でも、自分のキャリアをありたい姿に近づけてくれる。すなわち、ある時はモチベーションの源泉として、ある時は人生の岐路に立った時の羅針盤として、また、ある時は日常業務における判断基準として、自分のキャリアを理想に近づけてくれる。

6. 今後の研究の方向性

　ここまで暫定自己、仕事における未来自己という、2つの未来の自己概念について理解を深めてきた。

　金井・高橋 (2004) は、達成がきわめて困難で具体化できない目標を「夢」と呼び、夢を追いかけていくことがモチベーションの大いなる源泉になるのではというモチベーションの夢理論[6] を提唱している。そして、夢理論が萌芽的なアイデア段階にあることを認めた上で、こうした新しい視点を探す努力が、組織行動に関する実践的研究の進歩のために必要ではないかと述べている。

　本章で紹介した未来の自己概念も、同じような意味で、まだ萌芽的な段階にある概念である。しかし、キャリアの先の見通しが持ちづらく、組織も安定とはいいがたい現代においては、しっかりとしたキャリア・アイデンティティや未来の理想像なしには、モチベーション高くキャリアを歩み続けることは難しい。そうした意味で、未来の自己概念は、より多くのひとが持続可能なキャリアを実現するために、研究蓄積が期待される分野だといえよう。

6　金井・高橋 (2004) は夢理論を4つの要素から考察している。1つ目が夢の懐抱、すなわち、まずは夢を持つことからすべては始まるということである。2つ目が夢の共有、すなわち、夢の実現のためには夢の提唱者と協力者が夢を共有することが必要だということである。3つ目が逆境の克服、すなわち、夢があるからこそ失敗から多くのことを学び、ブレイクスルーを生むということである。4つ目が精神の持続、すなわち、執着する夢があることで、苦境があっても初志の貫徹が可能になるということである。

　この2つの概念に関する今後の研究については、次のような3つの課題が考えられる。

　1つ目は、暫定自己と仕事における未来自己に共通する課題として、キャリアに大きな影響を与えるような挫折や思いがけないキャリアショックに直面した場合に、これらの自己概念がどのように再構築されるかが明らかになっていない点が挙げられる。変化の激しい現代において、失業や不本意な異動などによる挫折、あるいは大規模な組織再編に伴うキャリアショックなど、それまでの自己概念を見直さざるを得ない事態に直面することは珍しくないと考えられる。こうしたケースにおいて未来の自己概念がどのように再構築されるかを理解することは、試練に負けない持続可能なキャリアを実現するために、重要な研究テーマだと考えられる。

　次に仕事における未来自己に関するものとして、2つ目、3つ目の課題がある。2つ目は、仕事における未来自己は、そもそもどのように形成されるのかということである。未来の理想像を描くことは、誰もが簡単にできることではない。年を重ねたり、現実に直面したりする中で理想像を見失ってしまうこともあるだろう。どのような場合に、何が助けとなって、未来の理想像が形成されるかを理解することは、より多くのひとが仕事における未来自己を手にするために重要だと考えられる。

　3つ目としては、何が仕事における未来自己に修正をもたらすのかという点である。可能自己については、未来自己の実現につながる成果が、可能自己へのこだわりを強め、成果がその反対の場合は弱めるという対応関係があるという (Carrol et al., 2009; Carrol, 2014)。しかし、未来自己が顕著になっている場合、同じような関係が成り立つかどうかは必ずしも明らかではない。いったん形成された仕事における未来自己が、どのような要因で強まったり弱まったりするのかを知ることは、長期におけるキャリアのモチベーションを理解する上で重要だと考えられる。

7. まとめ

　グローバル化の加速や情報技術の飛躍的な発達により、自分のキャリアにこ
の先何が起こるのかの見通しが立ちづらくなった。その一方で、人生100年
時代との認識が広まり、多くのひとが長期の時間軸でキャリアを考え始めた。
これまでのキャリア研究は、振り返りや意味づけなど回顧的な面が中心であっ
たが、将来が不確実になるに伴い、新たなキャリア・アイデンティティの構築
や未来の理想像の形成など、未来志向の視点を取り入れる必要性が高まってい
る。そうした中で、近年、注目を集めるのが、心理学で研究蓄積のある可能自
己という考え方をキャリア研究に応用した暫定自己、仕事における未来自己と
いった未来の自己概念である。

　暫定自己とは、可能自己の中にある複数の自分のありようから取り出した新
しいキャリア・アイデンティティの卵であり、それを実際の場面で試しながら
学ぶことで、新たなキャリア・アイデンティティが構築される。新しい仕事役
割への適応やキャリア・チェンジにあたり、ひとはどのように新たなキャリ
ア・アイデンティティを構築するかを理解する上でのヒントを与えてくれる。

　また、仕事における未来自己とは、仕事の世界における未来の理想像を意味
する。それが心の中で詳細に描かれ、いつでも思い出せる状態になっているこ
とが能動的なキャリア行動の原動力となる。この概念は、キャリアの先行きが
不確実な中で、なぜひとは将来を見越した能動的な行動が取れるのかを理解す
るための手がかりを与えてくれる。

　本章では、こうした未来における自己概念について理解を深め、今後重要だ
と考えられる研究の方向性について考察を試みた。今後重要と考えられる研究
課題としては、キャリアに大きな影響を与えるような挫折や思いがけないキャ
リアショックに直面した場合に、こうした自己概念がどのように再構築される
か、仕事における未来自己がどのように形成されるのか、何が仕事における未
来自己に修正をもたらすのか、などが挙げられる。

　これらの未来の自己概念は、いずれもまだ萌芽的な段階にあるが、キャリアの見通しが持ちづらく、組織も安定とはいいがたい現代において、こうした未来志向のキャリア研究の重要性はますます高まるものと考えられる。今後のキャリア研究の発展のためにも、より多くのひとが持続可能なキャリアを実現するためにも、理解を深める必要がある。

引用文献

Anseel, F., Strauss, K., & Lievens, F. (2017). How future work selves guide feedback seeking and feedback responding at work. In D. L. Ferris, R. E. Johnson, and C. Sedikides (eds.). *The self at work* (pp. 294-318). Routledge.

Arthur, M. B., Hall, D. T., & Lawrence, B. S. (1989). Generating new directions in career theory: The case for a transdisciplinary approach. In M. B. Arthur, D. T. Hall & B.S. Lawrence (eds.) *Handbook of career theory* (pp.7-25). Cambridge, UK: Cambridge University Press.

Arthur, M.B., & Rousseau, D. M. (1996). The boundaryless career: A new employment principle. In M.B. Arthur and D.M. Rousseau (eds.), *The boundaryless career: A new employment principle for a new organizational era* (pp.3-20). New York: Oxford University Press.

Ashford, S. J., Blatt, R., & VandeWalle, D. (2003). Reflections on the looking glass: A review of research on feedback-seeking behavior in organizations. *Journal of Management, 29*(6), 773-799.

Ashford, S. J., & Cummings, L. L. (1983). Feedback as an individual resource: Personal strategies of creating information. *Organizational Behavior and Human Performance, 32*(3), 370-398.

Belding, J. N., Naufel, K. Z., & Fujita, K. (2015). Using high-level construal and perceptions of changeability to promote self-change over self-protection motives in response to negative feedback. *Personality and Social Psychology Bulletin, 41*(6), 822-838.

Blau, G. J. (1985). The measurement and prediction of career commitment. *Journal of Occupational Psychology, 58*(4), 277-288.

Bridges. W. (1980). *Transitions: Making sense of life's changes*. Reading, MA: Addison-Wesley. (倉光 修・小林哲郎訳『トランジション — 人生の転機を活かすために』創元社, 1994年)

Carrol, P.J. (2014). Upward self-revision: Constructing possible selves. *Basic and Applied Social Psychology, 36*(5), 377-385.

Carrol, P.J., Shepperd, J.A., & Atkin, R. M. (2009). Downward self-revision: Erasing possible selves. *Social Cognition, 27*(4), 550-578.

Cross, S., & Markus, H. (1991). Possible selves across the life span. *Human Development, 34*(4), 230-255.

Fugate, M., Kinicki, A. J., & Ashforth, B. E. (2004). Employability: A psycho-social construct, its dimensions, and applications. *Journal of Vocational Behavior*, *65*(1), 14-38.

Gratton, L., & Scott, A. J. (2016). *The 100-year life: Living and working in an age of longevity*. Bloomsbury Publishing.（池村千秋訳『LIFE SHIFT 100 年時代の人生戦略』東洋経済新報社, 2016 年）

Gray, M. P., & O'Brien, K. M. (2007). Advancing the assessment of women's career choices: The career aspiration scale. *Journal of Career Assessment*, *15*(3), 317-337.

Guan, Y., Guo, Y., Bond, M. H., Cai, Z., Zhou, X., Xu, J., Zhu, F., Wang, Z., Fu, R.C., Liu, S.B., Wang, Y.N., Hu, T.L., & Ye, L. (2014). New job market entrants' future work self, career adaptability and job search outcomes: Examining mediating and moderating models. *Journal of Vocational Behavior*, *85*(1), 136-145.

Hall, D. T. (1976). *Careers in organizations*. Goodyear Publishing Company.

Hall, D. T. (1996). *The Career is dead − Long live the career. A relational approach to careers*. San Francisco, CA; Jossey-Bass.（尾川丈一・梶原誠・藤井博・宮内正臣監訳『プロティアン・キャリア 生涯を通じて生き続けるキャリア－キャリアの関係性アプローチ』亀田ブックサービス, 2015 年）

Hall, D. T. (2002). *Careers in and out of organizations*. Sage.

Higgins, E. T. (1987). Self-discrepancy: A theory relating self and affect. *Psychological Review*, *94*(3), 319-340.

Ibarra, H. (1999). Provisional selves: Experimenting with image and identity in professional adaptation. *Administrative Science Quarterly*, *44*(4), 764-791.

Ibarra, H. (2003). *Working identity: Unconventional strategies for reinventing your career*. Harvard Business Press.（金井壽宏監修・宮田貴子訳『ハーバード流キャリア・チェンジ術』翔泳社, 2003 年）

Ibarra, H. (2005). *Identity transitions: Possible selves, liminality and the dynamics of career change* (Vol. 51). Fontainebleu Cedex, France: INSEAD.

金井壽宏 (2002).『働く人のためのキャリア・デザイン』PHP 新書.

金井壽宏・高橋潔 (2004).『組織行動の考え方』東洋経済新報社.

Lewin, K. (1951). Field theory in social science. New York: Harper & Brothers.（猪俣佐登留訳『社会科学における場の理論』誠信書房, 1956 年）

Liberman, N., & Trope, Y. (2008). The psychology of transcending the here and now. *Science*, *322*(5905), 1201-1205.

Lin, W., Wang, L., Bamberger, P. A., Zhang, Q., Wang, H., Guo, W., Shi, J., & Zhang, T. (2016). Leading future orientations for current effectiveness: The role of engagement and supervisor coaching in linking future work self salience to job performance. *Journal of Vocational Behavior*, *92*, 145-156.

Linville, P. W. (1987). Self-complexity as a cognitive buffer against stress-related illness and depression. *Journal of Personality and Social Psychology*, *52*(4), 663-676.

Markus, H., & Nurius, P. (1986). Possible selves. *American Psychologist*, *41*(9), 954-969.

Markus, H., & Wurf, E. (1987). The dynamic self-concept: A social psychological perspective. *Annual Review of Psychology*, *38*(1), 299-337.

Niedenthal, P. M., Setterlund, M.B., & Wherry, M.B. (1992). Possible self-complexity and affective reactions to goal-relevant behavior. *Journal of Personality and Social Psychology, 63*(1), 5-16.

Obodaru, O. (2012). The self not taken: How alternative selves develop and how they influence our professional lives. *Academy of Management Review*, *37*(1), 34-57.

尾形真実哉・金井壽宏 (2008).「組織行動論 (organizational behavior: OB) への時間展望概念導入の試み：「希望の心理学」適用のための理論的考察と予備的実証分析」『神戸大学経営学研究科 Discussion paper 2008』

Oyserman, D., & Markus, H. (1990). Possible selves and delinquency. *Journal of Personality and Social Psychology*, *59*(1), 112-125.

Parker, S. K., & Collins, C. G. (2010). Taking stock: Integrating and differentiating multiple proactive behaviors. *Journal of Management*, *36*(3), 633-662.

Parker, S. K., Williams, H. M., & Turner, N. (2006). Modeling the antecedents of proactive behavior at work. *Journal of Applied Psychology*, *91*(3), 636-652.

Rogers, C.R. (1951). Client-centered therapy. Boston: Houghton Mifflin.（畠瀬稔・阿部八郎編訳『来談者中心療法 ― その発展と現況 ―』岩波書店, 1964 年）

Savickas, M. L. (2002). Career construction: Developmental theory of vocational behavior. In D. Brown (eds.). *Career choice and development, 4*. (pp.149-205). CA: Jossey-Bass.

Schein, E. H. (1990). *Career anchors: Discovering your real values*. San Diego: University Associates.（金井壽宏訳『キャリア・アンカー ― 自分のほんとうの価値を発見しよう』白桃書房, 2003 年）

Seibert, S. E., Kraimer, M. L., & Crant, J. M. (2001). What do proactive people do? A longitudinal model linking proactive personality and career success. *Personnel Psychology*, *54*(4), 845-874.

Strauss, K. (2010). *Future work selves: How hope for identities motivate proactive behavior at work*. Doctoral dissertation, University of Sheffield.

Strauss, K. (2021). Future work selves in academia. In T. Hernaus & M. Černe (eds.), *On becoming an organizational scholar: Navigating the academic odyssey* (pp.94-107). Northampton, MA; Edward Elgar Publishing Inc.

Strauss, K., Griffin, M. A., & Parker, S. K. (2012). Future work selves: how salient hoped-for identities motivate proactive career behaviors. *Journal of Applied Psychology*, *97*(3), 580-589.

Strauss, K., & Kelly, C. (2017). An identity-based perspective on proactivity: Future work selves and beyond. In S.K. Parker and U.K. Bindl (eds.) *Proactivity at work: Making things happen in organizations* (pp.330-354). New York: Routledge.

Super, D. E. (1963). Self-concepts in vocational development. In D. E. Super, R. Starishevsky, N. Martin, & J.P. Jordaan (eds.), *Career development: Self-concept theory* (pp.17-32). New York; College Entrance Examination Board.

Super, D. E. (1974). Vocational maturity theory. In D.E. Super (ed.), *Measuring vocational maturity for counseling and evaluation* (pp. 9-23). Washington, D.C; National Vocational Guidance Association.

Taber, B. J., & Blankemeyer, M. (2015). Future work self and career adaptability in the prediction of proactive career behaviors. *Journal of Vocational Behavior*, *86*, 20-27.

Thomas, J. P., Whitman, D. S., & Viswesvaran, C. (2010). Employee proactivity in organizations: A comparative meta-analysis of emergent proactive constructs. *Journal of Occupational and Organizational Psychology*, *83*(2), 275-300.

Thompson, J. A. (2005). Proactive personality and job performance: A social capital perspective. *Journal of Applied Psychology*, *90*(5), 1011-1017.

Trope, Y., & Liberman, N. (2010). Construal-level theory of psychological distance. *Psychological Review*, *117*(2), 440-463.

Van der Heijden, B. I. J. M., & De Vos, A. (2015). Sustainable careers: Introductory chapter. In A. De Vos & B. I. J. M. Van der Heijden (eds.), *Handbook of research on sustainable careers* (pp.1-19). Cheltenham, UK; Edward Elgar Publishing.

渡辺三枝子 (2007). 「序章 キャリアの心理学に不可欠の基本」 渡辺三枝子編著 『新版キャリアの心理学 — キャリア支援への発達的アプローチ』 (pp.1-22), ナカニシヤ出版.

Wylie, R.C. (1979) *The self-concept.* (Vols. 1 &2, rev. ed.). Lincoln: University of Nebraska Press.

Zhang, C., Hirschi, A., Herrmann, A., Wei, J., & Zhang, J. (2017). The future work self and calling: The mediational role of life meaning. *Journal of Happiness Studies*, *18*(4), 977-991.

Zhang, Y., Liao, J., Yan, Y., & Guo, Y. (2014). Newcomers' future work selves, perceived supervisor support, and proactive socialization in Chinese organizations. *Social Behavior and Personality: An International Journal*, *42*(9), 1457-1472.

事項索引

あ行

I-deals･････････････････････････････････ 28, 35
アトラクタ･･････････････････････････････ 115
ROCモデル ････････････････････････････ 24
意味（深い）････････････････････ 7, 10, 14, 57
イメージ理論･･･････････････････････････ 116
エージェンシー･･････････････････････ 8, 10, 14
エンプロイアビリティ･････ 5, 9, 18, 26, 36, 150

か行

解釈レベル理論･････････････････････････ 154
獲得／喪失のらせん････････････････････ 20
活性化した自己･････････････････････････ 143
可能自己･･･････････････････････････ 34, 142
感情事象理論･･･････････････････････････ 118
キャリア･･･････････････････････････ 8, 140
キャリアの不確実性･････････････････ 51, 108
キャリアのダイナミズム･････ 7, 16, 35, 55, 120
キャリア・アイデンティティ･･････ 31, 57, 146, 148, 155
キャリア・アダプタビリティ････････････ 31, 54
キャリア・アダプタビリティのABC･････････ 59
キャリア・アダプタビリティの4次元 ･････ 31, 58, 101
キャリア・アダプタビリティの因子構造モデル･･････ 62
キャリア・アンカー･･････････････････ 11, 146
キャリア・カオス理論･･･････････････ 32, 114
キャリア構築理論･･･････････････････････ 53
キャリア・コーン･･･････････････････････ 117
キャリア・コンピテンシー･･･････････････ 14, 29
キャリア資源･･････････････････ 10, 14, 20, 31
キャリアショック･･･････････････････ 32, 111
キャリアショックの属性･･･････････････ 121
キャリア成功･･････････････････ 11, 17, 57, 151
キャリア成熟･･･････････････････････････ 54
キャリア適応能力尺度（CAAS）･･････････ 61
キャリア発達･････････････････ 34, 52, 142
キャリア発達の個別化･････････････････ 67
偶然･････････････････････････････ 110, 112
偶発性学習理論･････････････････････ 32, 114
計画された偶発性････････････････ 52, 113
健康･････････････････････････････････ 17
高次の統合的概念･･････････････････ 59, 61
幸福･････････････････････････････････ 17

個人と組織の共同責任･････････････････ 10
個人と組織のパートナーシップ････････････ 5, 35

さ行

最高財務責任者（CFO）･････････････････ 79
暫定自己･･････････････････････････ 34, 147
時間･････････････････････････ 8, 16, 119
時間的展望･････････････････････ 22, 140
仕事における未来自己･･････････････ 34, 151
―― が顕著になっている ･････････････ 152
―― が詳細になっている ･････････････ 153
資源の集合体･･････････････････････････ 20
資源保存理論･･････････････････････････ 20
自己概念･････････････････････････ 57, 142
自己決定理論･･････････････････････････ 21
自己不一致理論･･･････････････････････ 143
自己複雑性理論･･･････････････････････ 153
システム・アプローチ･･････････････････ 15
持続可能なキャリア･･････････ 2, 5, 12, 30
持続可能なキャリアの理論モデル･･････････ 13
持続可能なキャリアマネジメント･･････････ 27
持続可能な人的資源管理･･････････････ 24
社会構成主義･･････････････････････････ 53
社会情動的選択理論･･････････････････ 22
修正版グラウンディド・セオリー・アプローチ（M-
GTA）･････････････････････････････ 80
ジョブ・エンベディッドネス･･･････････ 118
人生100年時代 ･･･････････････････ 8, 69
心理的ウェルビーイング･･･････････････ 17
心理的資源･････････････････ 31, 59, 83
ステイクホルダー理論･･･････････････ 25
スマート・ジョブ･･･････････････････ 26
生産性･･･････････････････････････････ 17
制度派組織論･･････････････････････････ 25
積極的不確実性･････････････････ 52, 113
戦略的人的資源管理･･････････････ 24, 28
組織社会化･･･････････････････････････ 116
組織内キャリア論･･････････････････ 2, 9, 12

た行

ダイナミック・アプローチ･･････････ 16, 28
適応･･･････････････････････････ 53, 57
適応レディネス･･････････････････････ 56

適応資源……………………………………… 56
適応行動……………………………………… 57
適応結果……………………………………… 57
転職…………………………………………… 78
トランジション論………………………… 52, 131
トリプルボトムライン……………………… 24

な行

ニューキャリア論……………2, 10, 51, 108, 115, 150
人間中心アプローチ………………………… 67
能動的なキャリア行動……………119, 150, 153, 154

は行

バウンダリレス・キャリア………………… 9, 12, 51
バタフライモデル…………………………… 115
パラダイム……………………………………… 3
バーンアウト………………………………… 16, 17
一人ひとりの戦力化………………………… 35
フィードバック探索……………… 14, 151, 154
個人とキャリアのフィット………………… 18
個人と仕事のフィット…………………… 55, 65
個人と組織のフィット…………………… 55, 65
プロアクティブ行動………………………… 150

プロティアン・キャリア………………… 12, 51, 147
文脈………………………………… 9, 15, 33, 110
変数中心アプローチ………………………… 66
補償を伴う選択最適化理論………………… 22

ま行

メタ・コンピテンシー…………………… 56, 147

や行

夢理論………………………………………… 161

ら行

ライフスパン／ライフスペースの理論的アプローチ　53
リアリスティック・ジョブ・プレビュー………… 117
リアリティ・ショック…………………… 116, 129
離職…………………………………………… 116

わ行

ワーカビリティ……………………………… 9, 27, 36
ワーカビリティ・インデックス…………… 37
ワーカビリティ・ハウス………………… 28, 36
ワークライフバランス……………… 10, 15, 16, 25

A

Akkermans, J. ························· 14, 32, 33, 111, 120
Anseel, F. ····································· 14, 154
Arthur, M.B. ························· 7, 8, 10, 28, 140
Ashford, S.J. ··· 151

B

Baltes, P.B. ··· 22
Barnard, C. ·· 116
Beach, L.R. ·· 116
Berger, P.L. ··· 53
Betsworth, D.G. ····································· 113
Bolton, S.C. ·· 24
Borg, T. ··· 115
Bridges, W. ··································· 131, 145
Bright, J.E. ····································· 32, 114
Burrell, G. ·· 5
Burton, J.P. ·· 118
Buyken, M.B.W. ······································· 55

C

Cantrell, S. ··· 35
Carrol, P.J. ·· 155
Carstensen, L.L. ······································ 22
Cross, S. ··· 145

D

Deci, E.L. ·· 21
DeFillippi, R.J. ······································· 10
De Lange, A.H. ···································· 5, 19
De Prins, P. ····································· 24, 27, 35
De Vos, A. ························ 11, 13, 19, 28, 29, 119
DiMaggio, P.J. ·· 25
Donaldson, T. ·· 25

E

Ehnert, I. ·· 24
Elkington, J. ·· 24

F

Forrier, A. ·· 110
Freeman, R.E. ·· 25

Frey / Fugate

Frey, C.B. ······································· 50, 109
Fugate, M. ·· 150

G

Gelatt, H.B. ···································· 52, 69, 113
Gratton, L. ······································ 8, 69, 141
Greenhaus, J.H. ·· 7
Guan, Y. ·· 64, 66, 156
Gunz, H. ··· 33, 110

H

Hall, D.T. ·································· 10, 26, 140, 147
Hart, D.H. ·· 112
Higgins, E.T. ··· 143
Hirschi, A. ·································· 14, 31, 55, 66
Hobfoll, S.E. ··· 20
Hornung, S. ·· 35

I

Ibarra, H. ····································· 34, 147, 155
Ilmarinen, J. ····································· 9, 36
Inkson, K. ································· 9, 10, 33, 110

J

Johnston, C.S. ··································· 58, 61
Jones, C. ··· 13

K

金井壽宏 ···································· 3, 38, 140, 161
Khamisa, N. ·· 17
木下康仁 ··· 80
北村雅昭 ··· 61
Kooij, D.T. ·· 6
Kossek, E.E. ·· 15
Krumboltz, J.D. ··························· 32, 52, 114
Kuhn, T.S. ··· 3

L

Lawrence, B.S. ····························· 2, 9, 12, 27
Lee, T.W. ······································· 116, 120
Lengnick-Hall, M.L. ··································· 24
Lepak, D.P. ·· 28
Lewin, K. ······································· 110, 140

Liberman, N. ·· 154
Lin, W.··· 156
Linville, P.W. ··· 153

M

Markus, H. ·································· 34, 142
Meyer, J.W.··· 25
Mitchell, K.E. ······································· 113
Mitchell, T.R. ······································· 118
Morrell, K. ··· 129

N

Nalis, I. ·· 120
Nicholson, N.·································· 52, 131
Niedenthal, P.M. ································· 153

O

Obodaru, O. ·· 151
尾形真実哉·················116, 129, 131, 141
小川憲彦·· 116
Oyserman, D.·······························144, 152

P

Paauwe, J. ·· 25
Parasuraman, S. ···································· 18
Parker, S.K.··· 150
Peffer, J. ·· 8
Popper, K.R. ··· 3
Pryor, R.G. ·· 131

R

Richardson, J. ·································· 33, 120
Roe, A. ·· 112
Rousseau, D.M. ······························ 28, 35
Rudolph, C.W. ································· 31, 55

Rummel, S. ································· 33, 119
Ryan, R.M. ··· 21
Ryff, C.D.··· 17

S

Savickas, M.L.··················· 14, 31, 53, 55, 61, 147
Schein, E.H. ··············· 11, 15, 50, 114, 117, 146
Schlossberg, N.K. ································· 52
Scott, J. ·· 113
Seibert, S.E. ····························· 109, 119, 120
Semeijin, J.··· 16
Strauss, K. ·························· 34, 151, 155, 157
Super, D.E. ······················· 34, 53, 54, 113, 142

T

Taber, B.J. ··· 156
Trope, Y.·· 154

V

Valcour, M.··· 6, 23
Van der Heijde, C.M. 18
Van der Heijden, B.I.J.M. ···················· 6, 8, 30, 140
Vondracek, F.W. ··································· 67

W

Wanous, J.P. ·· 116
渡辺三枝子··· 142
Weiss, H.M. ·· 118
Westman, M.·· 20
Williams, E.N.······································· 113

Z

Zhang, C. ·· 156
Zikic, J. ··· 33, 120

■著者紹介

北村　雅昭（きたむら・まさあき）

1963 年　大阪府に生まれる
1985 年　東京大学法学部卒業
1989 年　米国ミシガン大学（University of Michigan）経営管理大学院修了
2016 年　京都美術工芸大学工芸学部教授
2018 年　大手前短期大学ライフデザイン総合学科教授
2020 年より大手前大学現代社会学部教授

博士（経営管理）。専門は、組織行動論、キャリア論。

Mail：kitamura@otemae.ac.jp

持続可能なキャリア
― 不確実性の時代を生き抜くヒント ―

2022 年 2 月 22 日　初版第 1 刷発行

■著　　　者——北村雅昭
■発 行 者——佐藤　守
■発 行 所——株式会社 大学教育出版
　　　　　　〒 700-0953　岡山市南区西市 855-4
　　　　　　電話（086）244-1268㈹　FAX（086）246-0294
■印刷製本——モリモト印刷㈱
■Ｄ Ｔ Ｐ——林　雅子

ISBN978-4-86692-175-4